Als wir noch draußen spielten

Eine Bremer Kindheit an der Weser

von Norbert Sonntag

Geschichten für Jana

Als wir noch draußen spielten

Eine Bremer Kindheit an der Weser
von Norbert Sonntag

Kellner Verlag
Bremen Boston

Dieses Buch ist bei der Deutschen Nationalbibliothek
registriert. Die bibliografischen Daten können online
angesehen werden:
http://dnb.d-nb.de

IMPRESSUM

© 2017 KellnerVerlag, Bremen • **Boston**
St.-Pauli-Deich 3 • 28199 Bremen
Tel. 0421-77866 • Fax 0421-704058
sachbuch@kellnerverlag.de • www.kellnerverlag.de

Lektorat & Satz: Bernd Raatz
Umschlag: Designbüro Möhlenkamp & Schuldt

ISBN 978-3-95651-140-0

Inhalt

Vorwort.................................6
Am Anfang..............................8
In der Werrastraße....................15
Auf dem Balkon........................19
Vom Essen.............................22
Mama und Papa.........................27
Vom Kranksein.........................33
Klamotten.............................35
In den Anlagen........................39
An der kleinen Weser..................43
Am Werdersee..........................48
Feuer machen..........................51
Mit dem Roller........................54
Mit dem Fahrrad.......................56
Der Polizist..........................60
An der Seefahrtschule.................62
An der großen Weser...................66
Zur Schule............................73
Sachen finden.........................78
Sachen klauen.........................83
Im ersten Gebiet......................87
Volltreffer...........................93
Im Garten.............................97
Bei Opa und Oma...................... 103
Schlitten fahren..................... 108
Zu Weihnachten....................... 112
Allerlei Tiere....................... 117
Das Luftgewehr....................... 125
Jagdgeschichten...................... 127
Nachwort............................. 131

Vorwort

Da ich neben Tanzen und Stricken auch nicht singen kann, ergab es sich, dass ich unserer Tochter, immer wenn ich dran war, sie ins Bett zu bringen, Geschichten erzählte. Märchen und sonstige fremden Abenteuer erschöpften sich bald und so ging ich dazu über, meine eigene Kindheit auferstehen zu lassen. Davon konnte ich selber nicht genug kriegen.

Im allgemein als glorreich anerkannten Jahr 1950 wurde ich kleiner Butjer ohne Komplikationen geboren, und zwar im St.-Josef-Stift, wie es sich für einen anständigen Bremer Bürger gehört. Die Ereignisse dieses Buches spielen sich also in der ausklingenden Nachkriegszeit ab, als noch andere Zustände herrschten, teils im Guten, teils im Schlechten. Dabei hatte manches Schlechte auch sein Gutes und umgekehrt. Jeder Mann fand so viel Arbeit, wie er wollte, und nahm er diese auch an, konnte er seine Familie dementsprechend gut versorgen. Das führte bei uns dazu, dass mein Vater, hauptsächlich unterwegs oder am Zeichentisch tätig, eben selten für uns Kinder verfügbar beziehungsweise zuständig war. Alle Mütter der damals vorherrschenden traditionellen Familienform widmeten sich hingegen hauptsächlich der Aufzucht des Nachwuchses, der Reinlichkeit der Behausung und den geregelten Mahlzeiten. Ihre Rezepte, aus mehreren Jahrzehnten zusammengetragen, waren bei uns in einem blassblauen, zerfledderten Kochbuch voller Fettflecke nachzulesen. Für uns Kinder gab es zu dieser Zeit jedenfalls keinerlei Grund, sich über mangelhaft angelegte Spielplätze oder etwa fehlende Kindertagesstätten zu beschweren. Die Gefahr von Langeweile bestand jedenfalls nie.

Bei einigen der geschilderten Vorkommnisse mag mancher Leser vermutlich zu dem Schluss kommen, dass ich häufig recht leichtsinnig gehandelt hätte. Das trifft nicht zu, ich war lediglich ein bisschen risikofreudig. Das ist ein großer Unterschied. Bei leichtsinniger Handlungsweise setzt man sich unnötigerweise

Gefahren aus, ohne etwas davon zu haben. Situationen, in denen man sein Wohlergehen riskiert, bringen einem allerdings unvergessliche Erlebnisse ein. Alles in allem aber konnte man mich als vorbildlichen Lausebengel bezeichnen.

Um unser damaliges Lebensgefühl ganz und gar zu beschreiben, bedürfte es unzähliger Ergänzungen, die die damalige Zeit illustrieren und die wesentlichen Geschichten weiter ausmalen würden. Doch dies soll ja kein Buch über die Nachkriegszeit in Bremen, sondern über meine ganz speziellen Erlebnisse sein. Es geht um die Erfahrungen, welche mich für mein späteres Leben stählten und um die die heutigen Kinder mich meines Erachtens unendlich beneiden müssen.

Der kleine Martin Sonntag beim Badespaß

Am Anfang

So viel stand fest: Was meine Karriere als Freibeuter zwischen den beiden Wesern betraf, kann man meine ersten drei Lebensjahre als total vergeudete Zeit bezeichnen. Wir wohnten damals zusammen mit meinen Großeltern in der Rückertstraße, einer Adresse ohne jegliches Grün und bar jedes Platzes zum richtigen Leben, ungefähr da, wo die Neustadt gerade anfängt. Die einzigen Erinnerungen an diese dunkle Vergangenheit sind, dass wir Kinder nacheinander in einer grauen Zinkwanne in derselben Brühe gebadet wurden, während im Winter das Kondenswasser von den eiskalten Wänden troff. Auch dass ich morgens, wenn ich schon wach lag, aber noch nicht aufstehen durfte, ab und zu jemanden mit seinem Zweitakter im Hintergrund die Hauptstraße entlang knattern hörte. Ebenso weiß ich noch wie unser Bäcker hieß: *Taddicken*.

In gar nicht weiter Entfernung von unserer alten Wohnung, nur eben rüber über diese wunderschöne kleine Weserbrücke,

Familie Sonntag bei einer Wanderpause

Blick vom zerstörten Neustadtsufer auf Stephani-Kirche

strebte unser neues Zuhause in der Werrastraße seiner Fertigstellung entgegen, und eines Tages durfte ich auch mit zur Besichtigung des Rohbaus. Wahrscheinlich entdeckte ich genau zu diesem Zeitpunkt meine Leidenschaft für Baustellen. Ich fing auch gleich damit an, offensichtlich herrenlose, mir jedoch wichtig erscheinende Gegenstände an mich zu nehmen; in diesem Fall ein zehn Zentimeter langes Stück Wasserrohr aus massivem Eisen. Obwohl dies nun mein allergrößter Schatz – wozu auch immer – war, den ich unter keinen Umständen wieder hergeben wollte, schaffte es mein Opa, der hinsichtlich der Bedeutung dieses Eisenteils offensichtlich anderer Ansicht war, mich listig dazu zu überreden, das Ding in die Weser zu werfen: Bei einem derart schweren Stück würde es aus so großer Höhe bestimmt einen ganz prächtigen »Platsch« geben. Das Eisenrohr verschwand jedoch zu meiner herben Enttäuschung mit einem kläglichen »Plubb« in den Fluten. Mir sowas angeschnackt zu haben, konnte ich meinem Opa lange Zeit nicht verzeihen, bis ich dahinter kam, dass dieses Ereignis mich auf immer und ewig an die Weser, den Fluss meiner Kindheit gebunden hat.

Restaurierungsarbeiten und der Abtransport von Gebäudeteilen waren Alltag

Nachdem ich im Alter von drei Jahren in eine vollkommen neue Welt geworfen worden war, konnte ich mich mit ebendieser – trotz tausender phantastischer Möglichkeiten – nicht so ohne Weiteres anfreunden. Nach Meinung meiner Mutter hatte ich direkt vor der Haustür den allerschönsten Abenteuer-Spielplatz, den man sich denken konnte: Wildnis an der Weser, Ruinen und Baustellen. Ich traute mich nur zögerlich in die neue Umgebung, was einerseits daran lag, dass ich solche Freiheiten nicht gewohnt war, andererseits daran, dass es hier viel zu viele fremde Kinder gab, denen ich zunächst gar nicht über den Weg traute. Ich war ein schmächtiger, schüchterner Junge, der sich im Umgang mit anderen Menschen eher furchtsam zeigte. Meine Eltern vertraten dann auch die Ansicht, es könne meiner Entwicklung nützen, wenn ich bis zur Einschulung den Kindergarten besuchte. Das sagte mir bei dieser Unmenge an unbekannten Jungen und Mädchen schon gar nicht zu und entwickelte sich zu einem ausgewachsenen Fiasko. Ich heulte tatsächlich eine geschlagene Woche den Betreuerinnen unaufhörlich die Ohren voll, was mich letztlich vor einer allzu betreuten Kindheit bewahrte. »Das kann ja wohl nicht angehen«, meinte meine Mutter, und wie ich mir das denn vorstelle, den ganzen Tag zu Hause hocken? »Da wollen wir mal ein P vorsetzen«, und unbarmherzig jagte sie mich nach draußen, wofür ich ihr ewig dankbar bin, wie man noch sehen wird.

Außer uns waren verständlicherweise zu dieser Zeit viele junge Familien in dieses Neubaugebiet des sozialen Wohnungsbaus gezogen, also stromerten genug Gören herum. Diese ließen sich in drei Generationen aufteilen: Neben Kinder in meinem Alter fanden sich noch etwa drei Jahre ältere sowie drei Jahre jüngere, wie mein Bruder Martin. Die nächste Generation, zu der auch meine Schwester Katharina gehörte, wurde erst hier – fünf Jahre später – geboren. Die Jungen und Mädchen in meinem Alter waren deutlich in der Unterzahl; in der Werrastraße gab es nur meine spätere Freundin Marion, und am Ende, am Werderufer, wohnte die Familie *Figur*, deren Nachkommenschaft mit zwei Jungen und einem Mädchen zu der unsrigen genau parallel lief. Ronald, der Älteste, war mir aus unerfindlichen Gründen von Anfang an spinnefeind. Dazu kam, dass meine Eltern gegenüber Ronalds Familie irgendwelche abstrusen gesellschaftlichen Vorbehalte hegten. Dies traf, wie ich glaube, eher auf meinen Vater als aufstrebendem Spießbürger, als auf die innere Überzeugung meiner Mutter zu. Trotzdem oder vielleicht sogar gerade wegen dieses lang anhaltenden Hindernisses entwickelte sich zwischen uns eine innige und anhaltende Freundschaft. Alle hier geschilderten bedeutenden Abenteuer im Einzugsbereich der Werrastraße durchlebte ich – wenn nicht anders vermerkt – mit Ronald. Dahingegen hat man sich die Ereignisse, welche von unserem Basislager »Garten«, einem nahegelegenen Kleingarten gegenüber dem Osterdeich ihren Ausgang nahmen, jeweils in Begleitung meines Bruders Martin vorzustellen.

Mit den größeren Jungs hatten wir fast gar nichts zu tun, manchmal bewunderten wir sie, manchmal hatten wir Angst vor ihnen. Die jüngeren Gefährten, einschließlich meines Bruders, benötigten wir gelegentlich für den Fall, dass richtige Mannschaften gefragt waren: Fußball, Räuber-und-Gendarm und so weiter. Wie man sich denken kann, wohnten in den Parallelstraßen – sinnigerweise Werra- und Fuldastraße – ebenfalls Kinder meines Alters. Doch dort befand sich eine gänzlich andere, um nicht zu sagen feindliche Welt; da wurde sich auch schon mal »gekloppt«. Bei einer Niederlage war die Schmach fast immer größer als der Schmerz.

Solange wir noch richtig klein waren, befassten wir uns hauptsächlich damit, all den Attraktionen, die täglich durch unsere Straßen fuhren, hinterher zu laufen. Zwei Mal die Woche kam der Müllwagen: ein Pferdefuhrwerk mit beachtlichen, aber – wie wir fanden – bemitleidenswerten Zossen, denn sie schleppten neben ihrem riesenhaften Blechkübel auf vier Rädern zusätzlich eine Wolke impertinenten Gestanks hinter sich her. Trotz der damals recht kleinen Hausmülltonnen schien es mir für die Müllmänner auf Dauer recht ermüdend zu sein, diese in Kopfhöhe auszukippen. Unter dem Karren baumelten etliche Eimer zur Aufnahme der noch brauchbaren Abfälle, wie Flaschen, altes Brot, Eisenteile und so weiter. Alle paar Tage kamen die Straßenfeger vorbei und kehrten fein säuberlich den Rinnstein; alle dreißig Meter häufte sich eine Schaufel voll Unrat, der später eingesammelt wurde.

Zwischendurch tauchte in ungleichmäßigen Abständen ein Experte für wiederverwertbare Überreste auf: »Old-Iisen, Knoken, Plünn'n und Papier, hee-hoo, der Lumpen-Mann ist hier!« Der den altersschwachen Karren ziehende Klepper hätte sein Gnadenbrot bei Lichte besehen auch schon verdient gehabt. Der unregelmäßig auftauchende Scherenschleifer hatte, wenn er kam, genug zu tun –

wir ebenfalls, da die Messer schließlich hin – und zurückgebracht werden mussten. Bei dieser Gelegenheit fiel schon mal der ein oder andere »Bonschen« für uns ab, während die Einkäufe beim Granatwagen – ein Fahrrad mit vorne angebauter Kühlbox – von den Hausfrauen lieber selbst erledigt wurden. Dem Drehorgelmann wurden die Geldstücke sorgfältig in Zeitungspapier eingewickelt zugeworfen. Die meisten holte sein kleines Äffchen, doch viele Päckchen mussten wir erst aus irgendeiner Vorgartenecke hervor angeln. Kein Mensch spielte je mit dem Gedanken, eines davon in seiner Tasche verschwinden zu lassen.

Bruder und Schwester im Klappbett mit Steiff-Tieren

Die einzige Gastwirtschaft des Viertels, gleich bei uns um die Ecke, wurde vom Eismann »Huxmann« mit Unmengen mordsmäßiger Eisblöcke zur Kühlung der Getränke beliefert. Mit gefährlich aussehenden Enterhaken zogen die Eismänner die quaderförmigen Gletscher aus dem isolierten Wagen und schleppten sie mit Hilfe von Wolldecken in die Katakomben der Kneipe, wo dann auch bald die Bierfässer von Haake-Beck hineinpolterten. Besondere

Faszination ging von der Fütterung der prachtvollen Brauereipferde aus, die einen hafergefüllten Maulkorb vor die Nüstern gehängt bekamen und die Spelzen in die Gegend schnaubten. Wie man sieht, waren wir vollauf damit beschäftigt, darauf zu achten, dass auf dem Stadtwerder alles seinen geregelten Gang ging.

In späterer Zeit gründete ich mit einem Mädchen namens Karin F. vom Werderufer eine Zweierbande, die sich geheimnisvoll »KMF« nannte, wobei das K und F klar sein dürften. Hinter dem M verbirgt sich ein pikantes, nie gelüftetes Geheimnis, welches auch an dieser Stelle nicht verraten wird.

Vor Karins Haus endete auch eine unserer zahlreichen Familientragödien: Eines Morgens mitten im Winter, just als ich mich gerade bei Eis und Schnee noch im Dunkeln auf den Weg zur Schule machen wollte, wurde festgestellt, dass mein kleiner Bruder Martin im ganzen Haus nicht aufzufinden war. Wie dem auch war, ich musste los und stiefelte nach draußen. Sofort nahm ein ungeheurer Feuerschein am anderen Ende der Straße meine Aufmerksamkeit in Anspruch, ich rannte in die der Schule entgegengesetzte Richtung und Mann, da war was los: Auf der schneeglatten Straße war ein Motorrad samt Fahrer gestürzt und in Brand geraten. Die Feuerwehr war schon zugange und mein Brüderchen stand in gerade noch erträglicher Entfernung, er sah dem Geschehen gebannt zu. Erst jetzt fiel mir auf, dass er bloß einen dünnen Schlafanzug anhatte und barfuß unterwegs war, bei fünf Grad minus! Es kostete mich erhebliche Mühe, ihn zu überreden, wieder ins Haus zu kommen. Außerdem ist es mir schleierhaft, wieso er als einziger unserer Familie den Unfall überhaupt mitgekriegt hatte. Aber so was sieht ihm ähnlich!

Es kam nicht von ungefähr, dass unsere Mutter meinen kleinen Bruder abwechselnd Wonneproppen oder Satansbraten nannte.

In der Werrastraße

Als wir unser neues Reihenhaus in der Werrastraße bezogen, befand sich das Wohnviertel teilweise noch im Bau, einzig in unserer Straße hatten zwei alte, mit Stuck verzierte Häuser den Krieg überstanden. Demzufolge musste die Straße auch erst noch gepflastert werden. Dies geschah unter unserer genauesten Aufsicht. Die dicken Pflastersteine besaßen ein nicht zu unterschätzendes Gewicht, so dass unsereiner sie nur holprig rollend von einer Stelle zur anderen zu bewegen vermochte. Jeden Morgen gingen wir erst mal hin, um zu gucken, wie die Bauarbeiter, anscheinend mit einem Rückgrat aus Eisen, ihren Spezialhammer,

Die Werrastraße sowie das Wohnhaus der Familie, die Nr. 28. Viel Platz zum Spielen auch für kleine Jungs

bei dem der Kopf länger war als der Stiel, kunstvoll betätigten, die Sandunterlage einebneten, mit sicherem Griff den passenden Stein heraus suchten, diesen einsetzten und festklopften. Anschließend, so gegen Abend, wurde das Tagewerk mit einer von Hand geführten Ramme festgestampft, die sich auf Hebeldruck durch eine kleine Explosion immer und immer wieder selbst in die Luft katapultierte und auf die frisch gesetzten Steine krachte. Das Beste kam indessen im folgenden Arbeitsgang: Die Fugen wurden mit Teer ausgegossen. In einem lokomotivartigen Ungeheuer blubberte das geschmolzene pechschwarze Zeug vor sich hin, nachdem es zuvor mittels einer Axt von seiner blechernen Hülle befreit worden war. Die Bauarbeiter füllten die dampfend heiße Masse in ihre über und über bekleckerten Gießkannen und gossen damit die extra frei gelassenen Zwischenräume aus, einen nach dem anderen. Größtenteils trafen sie genau die richtige Menge; worauf wir jedoch mit Spannung warteten, waren die Fälle, in denen ein (mehr oder weniger großer) Klecks über die Steine floss und dort zu einem wundervoll glänzenden Placken erkaltete. Sobald der Trupp nach Feierabend abgezogen war, suchten wir die besagten Stellen auf und lösten die unserer Meinung nach

Weg durch Grünanlage zum Deich

überflüssigen Teerfladen von der Straße. Schade nur, dass die Kugeln, welche wir aus unserer Beute formten, zwar schön rund waren, aber bei weitem nicht mehr so herrlich glänzten wie auf der Straße. Später ließ sich dieser Bodenschatz nur noch an ganz heißen Sommertagen mit viel Mühe aus den Fugen puhlen. Den Anblick der fertigen Straße, wie er sich damals präsentierte, wird man nie wieder genießen können – nämlich ganz ohne auch nur ein einziges parkendes Auto am Straßenrand; bloß ab und zu fuhr eins die Straße entlang. Also ohne Flachs: Ich fand, die Autoabgase verströmten ein wundervolles Aroma; ich schnüffelte sie, wo ich nur konnte. Das kann heutzutage kein Mensch mehr glauben!

Auch boten sich mancherlei Spiele an: Das Völkerball-Spielfeld ging immer längs der Straße von einem eisernen Gullyrost bis zum nächsten, ebenso »Wer hat Angst vorm schwarzen Mann?«. »Elefant an der Wand« und »Eins zwei drei Berliner Schritt« ging nur an Familie Reichs oben mit Glassplittern bewehrter Gartenmauer; Verstecken (»zehne, zwanzig ...«) überall. Quer zur Straße von einem Kantstein zum anderen wurde »Fischer, Fischer, welche Fahne weht heute?« gespielt; wer da keine rot-weiß-karierte Unterhose vorweisen konnte, musste um sein Leben rennen. Oder »Fischer, Fischer, wie hoch ist das Wasser? – Sieben Meter! – Wie kommt man am besten rüber? – Hinken und zwar auf dem linken Bein!«

Beim mit Recht so genannten »Kantsteinwerfen« ging es darum, mit einem Fußball von einem Fußweg den gegenüber liegenden Kantstein derart zu treffen, dass die »Pille« wieder bis zur eigenen Straßenseite zurückflog. Falls es einem gelang, den prallenden Ball zu fangen, ohne dass er den Boden berührte, gab's zwei Punkte. Es ging immer bis zehn, aber jeder hatte das Recht, eine Verlängerung um zwei Punkte zu beantragen. Der Ball durfte erst gefangen werden, wenn er den Fußweg erreicht hatte. Sollte ein dusseliger Zufall es wollen, sprang er vom eigenen Kantstein zur gegnerischen Seite zurück und diese kriegte zwei Punkte und war außerdem auch noch an der Reihe.

Auf den ganzen Hoch- und Tiefbaustellen benötigte man jede Menge Sand, welche in riesigen Kipplastern angefahren und zu wunderbaren Haufen aufgeschüttet wurden. Für diese gelben

Gebirge ergaben sich für uns diverse andere Verwendungsmöglichkeiten. Solange sie noch ihre ursprüngliche Höhe besaßen, konnte man herrlich die Abhänge herunter rutschen. Danach buddelten wir die verzwicktesten Murmelbahnen mit allen Schikanen, Tunnels, Sprungschanzen und so weiter. Vortreffliche Burgen für Ritter und Zoos für Gummitiere ließen sich gestalten. Einmal fehlte zum Schluss mein kleiner schwarzer Gummipudel, und ich wühlte eine geschlagene Stunde das Fuder Sand durch, bis ich ihn wiedergefunden hatte. Das Ende vom Lied war, dass die Bauarbeiter am nächsten Morgen eine vollkommen plattgetretene Sandfläche vorfanden, die sie zunächst wieder zu einem anständigen Berg aufschaufeln mussten. Es empfahl sich, uns dort vorerst nicht wieder blicken zu lassen.

Von unserer Straße hatte man einen mehr oder weniger erlaubten Zugang zu einem Hinterhof, auf dem eine Tee-Import-Firma ihre leeren Teekisten stapelte. Diese hatten ein würfelförmiges Format mit 80 Zentimetern Kantenlänge. Hundert solcher Sperrholz-Kisten ergaben schon einen beachtlichen Turmbau, in welchem sich hervorragend herumklettern und verstecken ließ. Diese Kisten waren zum Aromaschutz innen mit dicker Alufolie ausgekleidet, aus der man recht kompakte Kugeln zu Wurfgeschossen zusammenknüllen konnte, so dass auf diesem Hinterhof etliche Schlachten stattfanden. Der dort herrschende intensive Tee-Duft wird mir für ewig unvergesslich bleiben, und noch heute tut es mir in der Seele weh, wenn jemand diese köstlich schnuppernden Krümel ins heiße Wasser schmeißt.

Direkt daneben befand sich der Lebensmittelladen von »Milchmann Scheper«, der seine Transporte mittels eines von mir – wer weiß, warum – »Kükenauto« getauften Vehikels erledigte. Dabei handelte es sich um einen dreirädrigen Pritschenwagen der Marke »Goliath«. Wenn wir es fertigbrachten, auf dessen Ladefläche sämtliche schweren Milchkannen ans hintere Ende zu zerren, sorgte das gestörte Fahrzeug-Gleichgewicht dafür, dass auf der vorderen Antriebsachse zu wenig Gewicht auflag. Das einzige arme Vorderrad drehte durch und der gute Mann konnte gar nicht erst losfahren.

Auf dem Balkon

Martin Sonntag mit Freundin Elke

Unsere Wohnung lag in der ersten Etage und hatte nach hinten raus, über einem kleinen Hinterhof einen entsprechend kleinen Balkon. Dieser diente uns hauptsächlich dazu, die auf gleicher Höhe im Nachbarhaus liegende Wohnung auf kurzem Wege über das Geländer kletternd zu erreichen, in erster Linie für meinen kleinen Bruder Martin und seine gleichaltrige Freundin Elke. Später wohnten dort meine Großeltern, die wir sowieso gerne besuchten, aber besonders, seit sie den ersten Fernseher in unserer Familie angeschafft hatten. Zu dieser Zeit lief nur ein Programm und das auch nur abends. Zuerst durften wir nur »Sandmännchen« gucken, später steigerten wir uns auf »Fury«. Ein Besuch bei Oma und Opa ging immer über die aneinander grenzenden Balkone vonstatten. In der kalten Jahreszeit klopften wir mit einem Schlüssel der gemeinsamen Heizung, womit die andere Seite aufgefordert wurde, die Balkontür zu öffnen.

Zur Mittagszeit im Sommer besetzte meine Mutter, auf ihrem Liegestuhl in der Sonne bratend, diesen Platz. Bei großer Hitze steckte sie ihre Füße in eine Schale mit kaltem Wasser. Falls ihre nackten Füße frei zugänglich auf der Fußstütze lagen, fanden wir es lustig, ihre Fußsohlen durch bloßes Anstarren zu kitzeln. Sie war an diesem Körperteil so empfindlich, dass sie fuchsteufelswild werden konnte. Bei warmer Witterung liebte ich es, in der Abendsonne im Freien mein Leberwurstbrot zu verspeisen, und auch sonst war der Balkon ein Teil unseres alltäglichen Lebensraums, dessen Tür dementsprechend häufig offen stand.

Zur Familie zählten dauerhaft die einen oder anderen Haustiere: Fische, verschiedenartige Vögel, Kaninchen, Tanzmäuse, Goldhamster und Schildkröten. Wenn man nicht aufpasste, hielt man sich Hamster beiderlei Geschlechts in einem Käfig, mit den zu erwartenden Folgen. So eine Mehrlingsgeburt und das anschließende Aufwachsen der kaum dem Embryostadium entkommenen Babies beobachteten wir stets voller Interesse. Die überzähligen Winzlinge tauschten wir beim Händler gegen Futter ein. Diese Nagetiere entwickelten außerhalb ihres Gehäuses erst ihre volle Lebensfreude, bedurften dabei jedoch einer aufmerksamen Kontrolle. Teils nagten sie die Möbel an, teils verkrochen sie sich in unerreichbare Verstecke, von wo sie mithilfe einer Holzleiste und etwas Geduld wieder vertrieben werden konnten. Wie es schien, zeigten unsere Hamster eine außergewöhnliche Abenteuerlust, jedenfalls dauerte es eine Weile, bis wir herausgefunden hatten, dass sie immer dann, wenn wir sie mehrere Stunden nicht auffinden konnten, akrobatisch von unten ins Innere des Wohnzimmersofas geklettert waren. Da half nichts, nur Abwarten. Bei einem diese Ausflüge in die große weite Welt musste eines dieser wagemutigen Nagetiere in einem unbeobachteten Augenblick durch die offene Balkontür nach draußen geraten und in seiner Neugier und Unerfahrenheit fünf Meter tief abgestürzt sein. Nach längerem Suchen fanden wir den Ausreißer vollkommen unverletzt zwischen dem Grünzeug im Hof.

Einmal jede Woche ging meine Mutter »in die Stadt«, wie man die Überquerung der Weserbrücke nannte: Karstadt, Eduscho und so weiter. In diesem Fall mussten wir damit leben, unsere Wohnung ein paar Stunden lang nicht betreten zu können, denn ein Hausschlüssel wurde uns sicherheitshalber nicht anvertraut. Ansonsten hatten wir jeweils zu klingeln, wenn wir ins Haus wollten. In den ersten Jahren konnte ich unseren Klingelknopf mit einer Hand nur erreichen, indem ich, mich mit der anderen am Knauf festhaltend, über zwei Profile kletternd an der Haustür hochzog. Die Farbe war dort schon bis aufs Holz abgewetzt. Das ging natürlich überhaupt nicht und man verfiel dem Gedanken, ich könne ja stattdessen an der Klappe des in die Tür eingelassenen Briefkastens scheppern. Das kam mir zwar reichlich kindisch vor, doch bewährte sich im doppelten Sinn.

Jeder kann sich denken, dass sich ausgerechnet an einem solchen Nachmittag die Notwendigkeit ergab, ein unentbehrliches

Utensil von oben zu besorgen. Ich spekulierte schon eine geraume Zeit auf genau dieses Vorhaben, aber jetzt führte kein Weg mehr daran vorbei, in meine eigene Wohnung einzubrechen. Der Plan war recht verwegen. Die hintere Fassade musste erklommen werden, nachdem ich durch den Keller meiner Komplizin Marion und über zwei läppische Zäune bereits auf den Hinterhof gelangt war. Wie erhofft stand die kleine Luftklappe der Balkontür offen, der Rest würde sich finden. Ohne Schwierigkeiten schwang ich mich auf den Balkon des Erdgeschosses und von dort auf dessen Geländer. In diesem Alter reichten die ersten zwei Fingerglieder meiner Hände gerade über die zu bezwingende Kante. Nach einigem Schaukeln bekam ich genügend Schwung und konnte die unterste Querstrebe unseres Geländers zu fassen kriegen. Jetzt war ein Absturz kaum noch möglich. Trotzdem erwies es sich als halsbrecherisch, mich auf die Plattform hoch zu hangeln, weil das Geländer nach außen kaum Platz ließ. Der Schweiß der Anstrengung vermischte sich mit dem der Angst, doch der Stolz über die gelungene Erstbesteigung stellte alles in den Schatten. Meine Mittäter reichten mir noch einen Besen und im Nu hatte ich den Türhebel durch die Klappe angelnd aufgezogen. Das eigentliche Ziel des Unternehmens hatte unterdessen erheblich an Bedeutung verloren, so dass ich mich nicht mehr daran erinnere.

Bis zur Heimkehr meines Vaters vom Dienst pfiffen leider schon die Spatzen die Kunde meiner »Heldentat« von den Dächern, das hieß, es gab Ärger. Mein Vater meinte, wenn das einer sähe, könnte er ebenfalls auf den Gedanken kommen, auf diese Art bei uns einzubrechen und wir sollten so was lieber bleiben lassen. Der Einwand war zwar logisch, aber nicht akzeptabel. Schließlich taugten nur einige direkte Nachbarn für dieses Vorhaben, für welche ein Einbruch wohl kaum in Betracht kam; außerdem beeinträchtigte er mich in meinem Tatendrang. Eventuell hatte meine Mutter noch ein paar Worte der Sorge bezüglich eines möglichen Absturzes fallen gelassen – das war aber in der Tat nicht weiter wichtig. In Zukunft beschränkte ich mich darauf, nur dann über diesen Weg in unsere Wohnung einzusteigen, wenn ein allgemein anerkannter Notfall vorlag.

Vom Essen

In Einem sind sich ja alle Generationen einig. Die wichtigste Frage des Tages lautet: »Was gibt's heute zu essen?« In den Fünfzigerjahren waren die Antworten noch weniger ausgefallen als heutzutage. Gegessen wurde, was auf den Tisch kam, wobei man natürlich gewisse Vorlieben beziehungsweise Abneigungen entwickelte. Ließ man die gebotene Bescheidenheit vermissen, hieß es so schön: »Viel fährt man auf'm Wagen.« Aber die Eltern wollten sich selbst schließlich auch anständig ernähren, und so konnten wir mit unserer Verpflegung im Großen und Ganzen zufrieden sein.

Bei meinem Großvater jedoch musste es in manchen Beziehungen immer vom Feinsten sein; der hatte da eine Macke, die uns allerdings sehr zu Gute kam. Negerküsse gab es nur von *Meyer* aus Woltmershausen und zwar mit doppeltem Schokoüberzug, Blätterteig-Pasteten von *Grasshoff*, Viktorias von *Stecker* und Weihnachtsgänse vom Bauern aus Strom. Wenn Opa Pfannkuchen zubereitete, dann waren das wohlgemerkt »Eierkuchen«, die so hießen, weil mehr Eier als Mehl darin waren: wunderbar gelb und locker, und so gesund. Wir Ignoranten fanden indes die stinknormalen Fladen, welche so richtig teigig schmeckten, viel attraktiver. Ebenso verhielt es sich beim Butterkuchen unserer Mutter, sie fügte dem Teig so viel gute Butter bei, dass der Kuchen anschließend nur so krümelte und infolgedessen dem zähen Erzeugnis vom Bäcker bei weitem nicht das Wasser reichen konnte.

Überhaupt konnte ich mich mit Milch und Butter nicht so recht anfreunden. Ich hasste dicke Löcher in den Brotscheiben, in denen sich die Butter in fetten Klecksen sammelte und später im Mund schmelzend ausbreitete. Was ich am meisten verabscheute, war Milch, und am allermeisten verabscheute ich warme Milch. Enthielt diese im Erkältungsfall auch noch Honig, grenzte das an böswillige Vergiftung, und sobald sich eine runzelige Haut darauf

Frühstückstisch, im Hintergrund der alte Kachelofen

gebildet hatte, war alles zu spät. Kein Mensch weiß, was sich der so genannte liebe Gott bei der Erfindung dieser Laune der Natur gedacht hat. Dessen ungeachtet gehörte es zu meinen Aufgaben, beim Einkaufen neben den übrigen Dingen Milch mitzubringen. Dies geschah mit Hilfe einer Milchkanne aus Aluminium samt Deckel, welche beim Milchmann aus einer mit einem armlangen Hebel zu betätigenden Pumpstation befüllt wurde. Beim Heimweg machte ich meine ersten physikalischen Experimente und stellte fest, dass sich die Kanne ohne Deckel vertikal im Kreis herum schleudern ließ, sodass der Inhalt nicht heraus floss. Dieses Kunststück ist einmal gründlich schief gegangen, als der bissige weiße Spitz einer in unserer Straße wohnenden Jungfer auf mich los ging, ich den richtigen Schwung verlor und zwei Liter Milch auf den Gehweg platschten.

Wie in jedem Haushalt sammelten sich im Laufe des Tages die benötigten Lebensmittel auf einem Einkaufszettel, den ich leider anfangs noch nicht lesen konnte. Daher lernte ich diesen vor dem Einkaufsgang mit meiner Mutter zusammen auswendig, vergaß auch selten etwas und war demzufolge so stolz dass ich auch, als ich schon lesen konnte, die Mitnahme eines Einkaufszettels strikt ablehnte. Auf dem Nachhauseweg konnte ich es mir nur selten verkneifen, den Knust des frischen Brotes anzuknabbern.

Zu der Zeit, da wir am »Alten Gymnasium« im Lateinunterricht Caesars »De bello gallico« lasen, entstand bei mir eine derartige Schwärmerei für das römische Militärwesen, dass ich mein gesamtes Taschengeld in die Sammlung von kleinen Plastilin-Kriegern investierte, nicht nur Römer, sondern auch Germanen, Normannen und Hunnen. Mit meinem Vater zusammen baute ich eine prächtige uneinnehmbare Ritterburg aus Sperrholz. Als deutlich preisgünstiger erwies sich die Herstellung von »Römerbrot«: Eine Menge Mehl, etwas Wasser dazu, ordentlich durchkneten, einen Fladen formen und ab in den Backofen. In einer ausgedienten Kaffedose lagerte die spartanische Nahrung unter meinem Bett, bis der letzte Rest endlich verschimmelt entsorgt wurde.

Unsere täglichen Frühstücksbrötchen brauchte ich hingegen nur unten von der Haustür abzuholen. Sie wurden uns bequemerweise von der Bäckerstochter in aller Herrgottsfrühe vorbeigebracht. Wir Kinder kamen nicht in den Genuss dieses Backwerks. Bis ins hohe Alter von sechszehn Jahren gab es werktags morgens

Die Kinder beim Frühstücken am Sonntag Morgen

Haferflockensuppe, die auf verschiedene Arten misslingen konnte: Entweder geriet sie zu pampig oder zu dünnflüssig, von den glitschigen Klumpen mal ganz zu schweigen, und wenn sie nicht angebrannt war, entpuppte sich die verwendete Milch als sauer. Wir versuchten dann, diese an gesunden Bestandteilen nicht zu überbietende Mahlzeit durch reichliche Zugabe von »Kaba, dem Plantagentrank« zu retten. Sollte es morgens mal fix gehen, war die Suppe unter Garantie viel zu heiß geraten. »Iss vom Rand!«, hieß es dann.

Ungesundes Naschwerk für Zwischendurch stand uns in der Regel nicht als Nahrungsergänzung zur Verfügung, nur zur Weihnachts- und Osterzeit verfügten wir über einen – allerdings begrenzten – Süßigkeiten-Vorrat. Meine Oma verwahrte jedoch ein paar Pralinés in der »Bonboniere« in ihrer Anrichte. Zu Weihnachten lag aller Familiensüßkram die ganze Zeit auf einem gemeinsamen Teller, zu Ostern hatte jeder sein eigenes, anfangs identisch gefülltes Nest. Wie es mir als hellem Köpfchen entsprach, ging ich nicht nur sehr sparsam mit den Köstlichkeiten um, sondern hob mir die leckersten Ostereier bis zuletzt auf. Dieses Vorhaben ging schon mal gehörig daneben, als meine Geschwister in der Annahme, ich würde den Rest meines Nestes wohl gar nicht mögen, die kostbarsten Leckereien einfach auffutterten.

Hin und wieder kriegten wir einen »Bremer Babbeler« in die Hände. Diese traditionelle Zuckerstange schmeckte im Grunde scheußlich, ließ sich aber zu einer erstaunlich gefährlichen Spitze zurechtlutschen, mit der man durch die Kleidung der Freunde hindurch stechen konnte. Ein Teil blieb schon mal in der Haut stecken.

Mit steigendem Wohlstand konnten wir es uns mitunter leisten, auswärts essen zu gehen, zum Beispiel in den *Wienerwald* oder bei *Aal-Spille*. Das war immer ein besonderes Ereignis, doch weniger häufig möglich als gewünscht. In so einem Fall probierte meine Schwester Katharina dann den leider nur selten funktionierenden Erpressungstrick: »Wenn wir nicht essen gehen, esse ich zu Abend nichts als trocken Brot mit Senf drauf, da basta mit!« Und das tat sie dann auch.

Freitags und sonnabends stand Eintopf auf dem Speiseplan, es sei denn, man aß freitags Fisch und am nächsten Tag Knipp oder ein ähnliches ausgefallenes Gericht. Ich glaube, die zumindest meinerseits verhasste Graupensuppe hat meine Mutter andauernd absichtlich schlaff gewürzt, um uns die Pampe durch das eigenverantwortliche Hinzufügen von allerhand *Maggi*-Spritzern schmackhaft zu machen. Wir hatten da einen Trick parat: Um die grenzwertig genießbare Mahlzeit möglichst schnell hinter uns zu bringen, löffelten wir um die Wette.

Montags gab's traditionell immer die – vorsorglich in ausreichender Menge zubereiteten – Reste vom Sonntag, zum Beispiel Gulasch. Diese wurden im kühlen Keller aufbewahrt, in einem Schmortopf. Eines Sonntagmittags lag es an mir, den Gulasch-Topf noch mal kurz nach unten zu bringen, bevor es zum Nachmittagsausflug losgehen sollte. In freudiger Erwartung – Straßenbahn, Sinalco, Kuchen, und zwar nicht selbstgebackener – hüpfte ich mit dem Topf in der Hand die Treppe hinunter und – zack – mit dem Kopf gegen die Deckenkante. Rücklings polterte ich die restliche Treppe runter und das rotbraune Gulasch ergoss sich über meinen abstürzenden Körper. Das muss man sich mal vorstellen: Beule an der Stirn, fette Soße im Haar, das weiße Ausgehhemd in Paprikatunke getaucht, und das zum denkbar ungünstigsten Augenblick. Aber in solchen Sachen erwiesen sich meine Eltern hart im Nehmen. Da wurde nicht lange gefackelt, nach kurzem Kleiderwechsel marschierte die gesamte Familie trotzdem los, den gerade frisch ausgebaggerten neuen Hafen angucken.

Wenn wir Arbergen zum Ziel hatten, gingen wir schon mal beim *Schlachter Meyer* vorbei. Dort wurde in einem düsteren Stall ein Schwein für unsere alljährlich stattfindende Hausschlachtung gemästet. Der brummige alte Mann rührte, wenn es soweit war, mit seinen Fingern, dick wie die Würste, die er machte, in einem Eimer lauwarmen Blutes herum. Beim Wurstmachen am nächsten Tag leckte er dann von eben diesen Fingern, mit denen er sich gerade noch einen stinkenden Priem in die Backe gesteckt hatte, die Wurstmasse, um sie zu probieren. Unsere Koteletts zierte noch ein richtiger Fettrand.

Mama und Papa

Mit meinen Eltern kam ich in aller Regel ganz gut zurecht, was sicherlich bei meiner Mutter einfacher hinzukriegen war als bei meinem Vater. Der übertrieb es zuweilen mit seinen Erziehungsmaßnahmen etwas, wenn ihn das Gefühl überkam, sich zu wenig um seine Sprösslinge gekümmert zu haben. Das entsprach auch meistens den Tatsachen, weil man zu dieser Zeit durch viel Arbeit auch viel verdienen konnte, und er dementsprechend handelte. Dies kam uns letztlich auch zugute, und in wichtigen Dingen war er echt nicht geizig.

Seine von Zeit zu Zeit einsetzende außergewöhnliche Fürsorge machte uns aber weiter nichts aus, dann wurden eben mal ein paar Stunden für zusätzliche Hausaufgaben oder handwerkliche Hilfsarbeiten angehängt, was mir jedenfalls – wie man so schön sagt – nicht geschadet hat. Die Tatsache, dass mein Vater berufsbedingt viel in Bremen herum kam, hatte für uns hingegen ein Ärgernis zur Folge, das uns manchen Samstagvormittag kostete. Hatte er die Bekanntschaft eines Schuhmachers in Grolland gemacht, mussten demnächst sämtliche Schuhreparaturen dort und nur dort in Auftrag gegeben werden. Das hieß, einmal hinbringen und einmal abholen – Endstation Straßenbahn Linie 7 und dann noch zehn Minuten zu Fuß. In gleicher Weise verhielt es sich mit einem Farbengeschäft in Huchting sowie einem Vogelfutterhandel in Habenhausen: jedes Mal eine halbe Weltreise. Vor Weihnachten war es in jedem Jahr unsere Aufgabe, den fälligen Gänsebraten zu besorgen, wozu wir ärgerlicherweise ganz nach Strom zu pilgern hatten, wo ein mit meinem Opa befreundeter Bauer seinen Hof betrieb. Dazu kam außerdem, dass wir zu dieser Zeit noch jeden zweiten Sonnabend Unterricht hatten, so dass so manches Wochenende mit blöden Pflichten begann.

Meine Mutter hatte sich hingegen dauernd mit den täglichen Affären, welche ja Gegenstand dieses Buches sind, herumzuplagen.

Mal schimpfte sie, mal tröstete sie, je nach dem, wie sich das eben so gehört, so dass es dazu nichts weiter zu sagen gibt. Sie wirkte dabei jederzeit als Puffer zwischen uns und der Welt. Im nachhinein tut sie mir wahrlich Leid, wenn ich mich daran erinnere, wie sie oft genug nach Anbruch der für uns gültigen Sperrstunde, bei einsetzender Dunkelheit, voller Besorgnis verzweifelt rufend durch das ganze Wohnviertel und die angrenzende Wildnis hetzte, um uns zu suchen und nach Hause zu holen. Wie jede gute Mutter achtete sie mehr auf uns als auf sich selbst. So kam es, dass sie ihre Kinder zwar heil über die Autostraße bugsiert hatte, selbst jedoch von einem hinterrücks nahenden Wagen vom Rad geschleudert wurde, was ihr eine derartige Prellung am Hintern einbrachte, dass wir wochenlang ihren pechschwarzen Po bewundern durften. Sie neigte zu solchen Symptomen, ein leichter Stups genügte, und sie bekam einen blauen Fleck.

Natürlich blieb es nicht aus, dass auch wir uns ab und zu kleinere Verletzungen zuzogen, meistens handelte es sich hier aber um aufgeschlagene Knie, die wir nur als halb so schlimm einstuften. Immerhin gab es hinterher eine phantastische Borke, an der sich prächtig herumpuhlen ließ. Das sollten wir nach Ansicht meiner Mutter lieber bleiben lassen, was wir aber nicht taten, und so wurde das Loch ständig tiefer. Je nach Laune bekam man dann ein Pflaster drauf oder nicht. Einmal war ich am *Schwarzen Berg* »auf die Fresse geflogen«, wie wir das nannten. Der hieß so, weil der hindurch führende Weg mit schwarzer Schlacke bestreut worden war. Die Folge war, dass sich haufenweise schwarze Krümel in meine Haut eingegraben hatten, von denen meine Mutter nicht alle mit einer Pinzette entfernen konnte. Der Rest brauchte einige Jahre, um wieder heraus zu wachsen.

Ehrlich gesagt machte sie mit uns so einiges mit und hatte normalerweise die Ruhe weg. Ich war immer total fasziniert, wenn sie zu jeder Gelegenheit ein passendes klassisches Zitat parat hatte: *Sieh da, sieh da Timotheus ...* oder *Mutig zeigt sich selbst der Mameluck ...* oder *Durch diese hohle Gasse muss er kommen ...*

Für die mehr oder weniger geplanten »Abenteuer« zeichnete mein Vater verantwortlich, wie bei einer Fahrradtour zur Dreyer

Unvermeidlich: Hut, Baskenmütze und Knickerbocker

Brücke, die Weser aufwärts. Ich dachte damals, es hieß »Dreierbrücke«, weil drei eiserne Bögen dort die Weser überspannten. Wie nicht anders zu erwarten, stiegen wir häufig vom Rad, um die Gegend zu erforschen, so zum Beispiel einen undurchdringlichen Niederwald, von dessen Erkundung wir uns eine ganze Menge versprachen. So richtig was gefunden hatten wir nicht, dafür aber etwas verloren, und zwar die Orientierung. Um letztendlich wieder zum Deich zurück zu gelangen, waren wir gezwungen, hundert Meter mitten durch – für uns – brusthohe Brennnesseln zu stiefeln. Anfangs versuchten wir noch, unsere unbedeckten Arme und Beine vor Berührungen zu schützen, doch nach kurzer Zeit kämpften wir uns ohne Rücksicht auf Verluste durchs Dickicht. Mein Vater meinte zu unseren geröteten und angeschwollenen Gliedmaßen, das sei ja prinzipiell gesund, aufgrund der verstärkten Durchblutung. Das änderte nichts daran, dass die Heimfahrt jaulend vonstatten ging. Allerdings nur bis zu der Stelle, wo unten an der Deichsohle in einer sumpfigen Gegend haufenweise »Lampenputzer« zu sehen waren. Davon wollten wir welche haben. Mein Vater empfand das als eine gute Idee und marschierte hinunter und mitten in den Morast hinein, wo er nach dem Abpflücken einiger Schilfrohre langsam aber sicher zu versinken begann. Da verjagten wir uns schrecklich, konnten aber nicht helfen. Zu guter Letzt schaffte er es, sich zu befreien, die Kleidung wiesen jedoch eine intensive Braunfärbung bis in Brusthöhe auf, welche

Vater & Söhne Sonntag bei der Hafenbesichtigung

wir unserer Mutter nur schwer mit einer harmlosen Geschichte zu erklären vermochten.

Es überraschte uns jeden Tag, wenn mein Vater uns abends mit unseren eigenen Erlebnissen konfrontierte. Wir wurden den Eindruck nicht los, dass er irgendwie mit sämtlichen verräterischen

Nachbarn, die nie den Schnabel halten konnten, unter einer Decke steckte. Die wurden nämlich immer und überall durch übertrieben höfliches Ziehen des unvermeidlichen Hutes gegrüßt. Auf alle Fälle glaube ich, meine Eltern waren insgeheim neidisch, dass sie an unseren Gräueltaten nicht teilnehmen durften. Jedenfalls erfolgten nur selten drastische Erziehungsmaßnahmen.

Sollte es sich doch einmal als notwendig erweisen, eine Strafe zu verhängen, konnten wir mit großer Wahrscheinlichkeit »Stubenarrest« erwarten. Wir mussten dann den ganzen Tag zu Hause verbringen. Es gab nichts Überflüssigeres als Stubenarrest, eine Sanktion, mit der unsere Erziehungsverpflichteten wie erwähnt auf gelegentliche Petzereien missgünstiger Anwohner reagierten. Ihrer Meinung nach – und damit lagen sie auch gar nicht so falsch – würde uns diese Maßnahme am härtesten treffen und auf den rechten Weg bringen. Der erste Teil stimmte, den zweiten sah ich anders. In den meisten Fällen traf es zwar nur einen von uns Brüdern, doch wir verfügten über eine ausgeprägte Begabung, solchen Situationen das Beste abzugewinnen. Endlich hatte ich mal den ganzen Perserteppich mit seinen aufgeknüpften Straßen für mich ganz alleine, musste weder unsere Auto- noch unsere Tiersammlung teilen und konnte mich so richtig ausbreiten. Die Sessel wurde zusammen geschoben und mit einer Wolldecke zu einer düsteren Höhle gestaltet, in der sich allerhand wertvoller Krimskrams sowie überlebensnotwendige Kekse anhäuften, und nach kurzer Zeit durfte meine Mutter nicht einen Quadratzentimeter unserer Wohnung mehr betreten.

Martin und ich sammelten eine ganze Weile *Schuco*-Autos, aus massivem Metall gegossen und mit echten Gummireifen bestückt, die man sogar abnehmen konnte. Diese Reifen sollten logischerweise des Öfteren gewechselt werden, lösten sich aber auch bisweilen von selbst und fanden sich über unerklärliche Umwege in den Windeln meiner kleinen Schwester wieder. Nachdem diese Art des Verschwindens unserer kleinen Reifen erkannt worden war, musste meine arme Mutter jede zweite Windelfüllung durchwühlen, was sie uns ja nicht verwehren konnte, aber auch bestimmt nicht zu ihrer Erheiterung beigetragen hat. Das Ende vom Lied war, dass sich meine Mutter nach einem Tag Stubenarrest mehr genervt zeigte als ihre Delinquenten und uns wieder in die Freiheit entließ.

Zu Hausarbeiten wurden wir auch schon mal herangezogen – teils aus pädagogischen Gründen, teils aus Gründen der tätigen Hilfe. Soweit ich mich erinnere, war ich der Einzige, der Schuhe putzen durfte bzw. musste. Das Schuhputzen war insofern lästig, weil es dauernd in die fernsehrelevante Abendbrotzeit fiel, wenn nämlich alle Familienmitglieder ihre Latschen nicht mehr brauchten. Insbesondere die weiß zu tünchenden Ausgehschuhe meiner Mutter gingen mir auf den Geist.

Der Abwaschdienst – meine Oma sagte beharrlich »Aufwaschen« – wurde aber für gewöhnlich nur am Wochenende und in den Ferien von uns geleistet, weil wir uns während der Schulzeit regelmäßig gleich nach dem Mittagessen an die Hausaufgaben machten; ohne Pause, damit es so schnell wie möglich »auf die Straße« gehen konnte. Da war taktisches Geschick gefragt, wenn es darum ging, wer abwusch und wer abtrocknete. Abwaschen war eigentlich ein bisschen ekliger, allerdings war man garantiert eher fertig und konnte schon mal abhauen. Wenn aber einer rasant das Handtuch wirbelte, ließ sich der zeitliche Rückstand auf ein paar Sekunden reduzieren. Hauptsache, es ging nicht in Scherben und die Soße befand sich ausschließlich im Ausguss. Später, als die kleine Katharina auch schon helfen konnte, hatte es sich mein kleiner Bruder angewöhnt, ausgerechnet zur Abwaschzeit dringend auf's Klo zu müssen, was unsererseits auch nicht zu widerlegen war. Martin richtete es jedoch stets so ein, sein Geschäft pünktlich beendet zu haben, wenn der Abwasch erledigt war.

Übrigens waren die Erziehungsmethoden zu damaliger Zeit noch nicht so filigran wie heutzutage. Zuweilen genügte ein resolutes »*papperlapapp*« meiner Mutter, und damit war das Thema erledigt.

Vom Kranksein

Das war nun mal so: es ließ sich nicht vermeiden, dass der eine oder andere unserer Familie von irgendeiner Krankheit heimgesucht wurde. Meistens handelte es sich um Erkältungen, aber nur bei richtigem Husten ging's ab ins Bett. Unsere Mutter träufelte uns in angeblich bester Absicht kochend heißes Öl über die Brust und legte einen unvorstellbar kratzigen Wolllappen auf die schon vorgeschädigte Haut; es war zum Verrücktwerden. Wenn dann die Spielgeräusche der anderen Kinder von der Straße heraufdrangen, hatte es mit der Gemütlichkeit ein Ende, der garstig nach Anis schmeckende Hustensaft tat ein Übriges und in Windeseile fühlten wir uns wieder »auf dem Damm«.

Sämtliche bei uns im Bauchbereich angesiedelten Beschwerden wurden mit »Kohle-Kompretten« behandelt. Man musste dieses archaische Heilmittel im Handumdrehen runter würgen, sonst quoll es dermaßen auf, dass man prompt den ganzen Mund voll hatte.

Manche Ferien wurden uns gründlich verdorben, weil es hieß: du musst mal wieder zum Zahnarzt. Dieser hatte die Angewohnheit, ohne Narkose kolossale Löcher zu bohren, wo sich vorher keine befanden, um sie danach mit giftigem Zeug vollzustopfen. Wenn ich an den quietschenden, von antiquierten Treibriemen bewegten Bohrer denke, wird mir heute noch ganz schlecht. Ich bin überzeugt, mein Leben hätte ohne diesen Quälgeist eine völlig andere Wendung genommen!

Dann und wann kriegten wir Penicillin verabreicht, ich weiß nicht mehr gegen was. Wie dem auch sei, unser Kinderarzt *Dr. Kosak* zog seine unendlich oft wiederverwendete Spritze auf, meine Mutter sagte ihren Allzweck-Spruch »Den Kopf kostet es nicht!« und der Pieks war echt nicht der Rede wert. Das Beste daran war die kleine Säge, mit der er die Glasampulle aufmachte und die wir hinterher behalten durften.

Merkwürdigerweise befiel mich, wenn ich – was öfter vorkam – im erwähnten Garten übernachtete, mitten in der Nacht ein Asthmaanfall. Diesen bekämpfte meine eine Oma mit Zitronensaft, die andere mit Petersilie; Beides erfolgreich, wohlgemerkt!

Wenn unser Vater abends mal sehr spät nach Hause gekommen war, litt er bisweilen am nächsten Morgen unter »Haarspitzenkatarrh«, ein Leiden, das für uns gar nicht in Frage kam und nur in der Hinsicht von Belang war, dass wir den ganzen Tag keinen Mucks von uns geben durften. Meine Mutter musste dann immer im »Amt« anrufen und den Gatten dienstunfähig melden.

Klamotten

Wir fanden, dass wir es nicht leicht mit unseren Anziehsachen hatten. Die Quälerei ging schon in frühester Jugend los. Im zarten Alter von vier Jahren stand mir – wie mir heute scheint – nur ein einziger Pullover zur Verfügung, nämlich in den Farben Blau-Orange. Dieser kratzte wie verrückt und ich wollte einfach nicht rauswachsen. Wie viele Kindersachen seinerzeit hatte ihn meine Mutter selbst gestrickt, war dementsprechend stolz und etwaiger Kritik gegenüber nicht gerade aufgeschlossen. Die Tradition des Strickens übernahm später meine »Oma Bertha« väterlicherseits. Ihre Winterjacken waren Legende. Immerhin leistete sie sich auch das größte Verbrechen gegen die Menschlichkeit: Sie strickte mir ein Paar lange, bis zum Schritt reichende und am ganzen Bein pieksende Strümpfe aus guter grüner Wolle; deren bloßer Anblick mir schon eine Gänsehaut über den ganzen Körper jagte, was sie ja ursprünglich gerade verhindern sollten. Damals herrschten noch kalte Winter und es war mein Pech, dass gegen die Benutzung dieser Folterinstrumente kein schlagkräftiges Argument ins Feld geführt werden konnte. Ich habe keine Ahnung, wie ich die Dinger überleben konnte und erkenne auf jeden Fall noch heute einen kratzenden Pullover aus zehn Meilen gegen den Wind.

Vom ersten halbwegs lauen Frühlingstag bis in den späten Herbst liefen wir – wie jeder andere Junge in dieser Zeit auch – nur in Lederhosen herum. Die sprichwörtliche Haltbarkeit dieser Materie führte dazu, dass deren Kauf alle zwei, drei Jahre wieder mal stattfand, was immer eine regelrechte Staatsaktion von unermesslicher Reichweite ergab. Meistens stellte sich später in deren täglichem Gebrauch irgendeine marginale, jedoch lästige Unzulänglichkeit heraus, welche es dann zwei Jahre zu ertragen oder eben zu ignorieren galt. Zunächst aber mussten die Pobacken mit Hilfe von Fett- und sonstigen Schmierfingern in den richtigen

Gebrauchszustand versetzt werden. So praktisch diese Kleidungstücke auch waren – immerhin konnten wir sie einsauen wie wir wollten, ohne dass meine Mutter zur Wäsche greifen musste – wiesen sie dennoch einen Nachteil auf: Bekanntlich sind die Hosenbeine einige Zentimeter nach außen hoch geschlagen, und in diesem Rand sammelten sich im Lauf des Tages die Spuren unserer Tätigkeiten. So kam es vor, dass abends plötzlich die ganze Wohnung von Sand nur so knirschte.

Ich persönlich bin von meiner Mutter niemals geschlagen worden; doch mein kleiner unartiger Bruder hatte ab und zu »'ne Salbe« verdient, das muss man schon sagen. Da hätte sich dieses Kleidungsstück als nützlich erweisen können; denn die Schläge mit der flachen Hand auf den lederbewehrten Po taten meiner Mutter mehr weh als ihm selber. Doch seine Beine waren ebenso

Die berühmt - berüchtigte Lederhose als Markenzeichen früher Jugendjahre

dünn wie die Hosenbeine weit, und so wurde mit geübtem Griff der »Pöter« freigelegt und es setzte ein paar Klatscher.

Eine ähnliche Zweckmäßigkeit schrieb meine Mutter im Winter unseren Gummistiefeln zu, welche der Nässe trotzten und keiner intensiven Pflege bedurften. Dieses thermisch mangelhafte Schuhwerk musste durch unsagbar hässliche »Rosshaarsocken« ergänzt werden. So weit so gut – allerdings fand der Schnee leichten Zugang über den oben offenen Schaft; denn wir stolzierten selbstverständlich nicht aufrecht gesittet durch die Gegend. Gegen Abend hatten sich denn auch an unseren Füßen regelrechte Eisklumpen gebildet, an den Socken festgefroren und nur schwer mechanisch zu entfernen, es sei denn man hing die Dinger an die Heizung. Das Ergebnis war eine riesige Wasserlache in der guten Stube.

Dann aber, bei den ersten Anzeichen des nahenden Frühlings, gab es jedes Jahr dasselbe Theater: Der Kampf um die erste kurze Hose ging los. Unser Argument lautete, dass es mittags in Wintersachen viel zu warm sei, das Argument unserer Erziehungspflichtigen, morgens und abends würden wir uns den Tod holen. Na ja, letztendlich erwischte irgendjemand in der Straße einen schwachen Moment bei seiner Mama und erschien in Lederhosen auf der Bildfläche. Der Held wurde gebührend gefeiert, die anderen Eltern konnten nichts Stichhaltiges mehr einwenden und im Nullkommanix war die Schlacht um die erste kurze Hose im Jahr für alle geschlagen.

Zu dieser Zeit kamen auch die berüchtigten Jeans auf, die damals noch zu Recht »Nietenhosen« genannt wurden, weil ihre Nähte an den Ecken durch wahrhaftige Kupfernieten verstärkt waren. Obwohl ein solches Kleidungsstück das praktischste war, was eine Mutter sich denken kann, kam so eine Klamotte überhaupt nicht in Frage. Ihre Aversion gegenüber dieser amerikanischen Erfindung ist mir weder damals noch heute plausibel. Nach endlosem Gequengel kriegten wir denn doch so ein »unmögliches Ding«, durften es aber nur im Garten, sozusagen unter Ausschluss der Öffentlichkeit tragen: »Räuberzivil«. Zunächst mal wurde von morgens bis abends Cowboy-und-Indianer gespielt, und am Gürtel einer indigoblauen Nietenhose machte sich das Fahrtenmesser besonders gut.

Eine weitere Ankleidungs-Problematik ergab sich aus meinem ausgeprägten Symmetriebedürfnis. Beispielsweise konnte ich es nicht haben, wenn die eine Schnürsenkel-Schleife länger gebunden war als die andere oder die linke Sandalenschnalle im dritten und die rechte im vierten Loch steckte. Ungleich hoch gezogene oder runter gerutschte Strümpfe brachten mich auf die Palme und bei einer meiner Lederhosen war von Anfang an die linke Pobacke dünner und rauer als die rechte. Da nützten auch die heftigsten Abnutzungsbemühungen nichts, diese Asymmetrie auszugleichen. Ich stand mit der Hose auf Kriegsfuß. Wenn in meiner linken Hosentasche ein Taschentuch steckte, stellte ich flugs das benötigte Gleichgewicht durch irgendeinen mehr oder weniger nutzlosen Gegenstand in der rechten wieder her.

Von Astrologie halte ich persönlich gar nichts, aber ob diese Absonderlichkeit wohl an meinem Sternzeichen Waage liegt?

In den Anlagen

Im Anschluss an die Schularbeiten – in den Ferien gleich nach dem Frühstück – pflegten wir normalerweise erst einmal die Grünanlagen an der kleinen Weser aufzusuchen. Diese bildeten grundsätzlich den Ausgangspunkt unserer Aktivitäten. Alles Weitere würde sich dann schon finden. Vorher streiften wir erst noch einmal um'n Pudding, um etwaige Spielkameraden aufzugabeln. Wenn sich gerade kein besonderes Abenteuer anbot, erklommen wir zunächst mal unseren »Stammbaum«. Jeder hatte da so seinen Lieblingsbaum, der sich möglichst schwierig, aber eben noch machbar erklettern ließ. Auf alle Fälle sollten es die kleineren Geschwister aber nicht schaffen. Wir gaben inzwischen jedem Baum, der diese Ehre verdiente, einen Namen, der allgemeine Gültigkeit besaß. Irgendwie zeigte es sich, dass offenbar der unterste erreichbare Ast genauso schnell nach oben wanderte wie die Reichweite unserer Hände wuchs, so dass es immer aufs Neue Mühe kostete, diesen zu erreichen.

In den allerersten Jahren unserer Pionierarbeit auf dem *Werder* boten die späteren Grünanlagen noch den Anblick einer nachkriegsmäßigen Ödnis. Ebenso ins Bild passte ein an deren Ufer auf der kleinen Weser festgemachtes Hausboot, auf der die Familie Huhne wohnte. Deren Sohn Jürgen besuchte häufig seine Großeltern, die bei uns schräg gegenüber wohnten. Es dauerte aber nicht lange, und dieses abenteuerliche Domizil wurde aufgegeben, schade eigentlich.

Diese Leute hatten oberhalb ihrer schwimmenden Behausung einen – vermutlich – halblegalen Hühnerstall aus Holzbrettern errichtet, welcher auch dementsprechend bewohnt war. Der Zugang für das Federvieh befand sich etwa in unserer Kopfhöhe, damit kein Raubzeug eindringen konnte. Wir konnten es natürlich nicht auf uns sitzen lassen, diese Örtlichkeit noch nicht erkundet zu haben, und so schaffte ich es mit Freundeshilfe, mich durch die Luke hineinzuzwängen und auf den von Kot und Federn verschmutzen Boden runterzuhangeln. Ich hoffte nur, dass das lautstarke Gegacker der Hühner nicht bis zum Hausboot zu hören war. Ohne meine Räuberleiter konnte mir mein Partner unglücklicherweise nicht folgen, was nicht weiter tragisch war, da die Erkundung des Innenbereichs außer heftiger Nies-Attacken keinerlei Überraschungen bereithielt. Man hätte zwar ein paar Eier klauen können, doch was sollten wir mit den rohen Dingern anfangen? Als fatal erwies es sich jedoch, dass ich genauso wenig von drinnen wieder raus gelangen konnte. Da Verzweiflung bekanntlich ungeahnte Kräfte freisetzt, gelang mir irgendwie dann auch mit Ach und Krach die Flucht. Meine Klamotten strotzten danach nur so von schmierigem Hühnermist, dessen Aroma sich noch lange in meiner Nase hielt.

Ronald und ich bildeten ein verschworenes Paar, wenn es darum ging, eine »Höhle« einzurichten. Eine Höhle war ein ausschließlich uns bekanntes Versteck, das man nur aufsuchte, um sich dort unbemerkt von aller Welt aufzuhalten, zu erzählen, zu träumen, einfach mal so richtig für sich zu sein. Den besten derartigen Schlupfwinkel hatten wir uns inmitten eines undurchdringlichen umfangreichen Brombeergestrüpps angelegt. Das war gar nicht so einfach, denn abgesehen von den allgegenwärtigen Dornen war darauf zu achten, dass der Eingang vollkommen unauffällig ins Innere führte, und sich dort auch noch genügend Platz zum Lagern bot. Das bewerkstelligten wir mit unseren Fahrtenmessern. Von außen kam keiner dahinter, dass sich da zwei Schlingel heimlich drinnen verkrochen hatten, und nicht selten wurden mehr oder weniger vertrauliche, auf dem vorbeiführenden Weg geführte Gespräche belauscht.

Das übrige Gebüsch der »Anlagen« war der Allgemeinheit zugänglich und bildete das weite Feld unserer Unternehmungen, wo im Lauf der Zeit etliche Trampelpfade entstanden waren, sei es, um »Cowboy-und-Indianer« zu spielen oder einfach nur eine Abkürzung zu nehmen. Im Frühjahr verströmte das Dickicht einen intensiven Weißdorn-Geruch, der für mich allerdings bis auf den heutigen Tag den Duft ungezwungener Freiheit der Jugend

Die Sandkiste in den Anlagen war stets beliebt

repräsentiert. Hier waren auch eine Menge halbwilder Rosenbüsche angepflanzt, an denen gegen Ende des Sommers haufenweise prallrote Hagebutten glänzten, woraus sich prima Juckpulver gewinnen ließ, um es dem nächstbesten Feind oder Freund in den Nacken zu bröseln. Die leer gekratzten Fruchtschalen konnte man übrigens essen, wenn man keine überängstliche Mutter zu Hause hatte, die meinte, das sei giftig. Dies war gar nicht wahr, wie sich herausstellte.

Wie jedes Kind weiß, kann man mit den Fruchtständen einer verbreiteten Unkrautpflanze – im Volksmund »Kletten« genannt – allerhand Schabernack treiben. Saßen sie in den Pullovern, ärgerte es die Mütter, hingen sie in den Haaren, kamen uns die Tränen, wenn wir die ziependen Dinger wieder entfernen mussten. Der (angeblich) liebe Gott als Erfinder solcher Scherze schien mir schon damals ein ausgemachter Spaßvogel zu sein. Innerhalb besagter Gebüsche hatten sich mittlerweile etliche als Verstecke geeignete Nischen ergeben, wo man zeitweise ungestört hocken und die nichtsahnenden Passanten beobachten konnte. Wir fanden es damals irgendwie unerklärlich, dass dort manchmal frühmorgens besudelte Damenschlüpfer herum lagen.

Auf dem Gebiet der Anlagen hatte man eine große und eine kleine Sandkiste angelegt. Die große maß zehn Meter im Quadrat und wurde – im Gegensatz zu der »lütschen« – natürlich nicht zum Kuchenbacken unter der Aufsicht der jungen Mütter genutzt. Man konnte wunderbare Sandburgen errichten und der für den Burghügel heraus gebuddelte Sand wurde zum Bau der Schutzmauer verwendet. Bei eifriger Arbeit gelangte man auf den Grund der Sandmassen, welcher aus Lehm bestand. Selbiger Lehm erwies sich als knetbar und die sorgfältig modellierten Klumpen dienten als erstklassige Wurfgeschosse, welche auf die Nachbarburg geschleudert wurden. Selbstverständlich wollten wir nicht die Burg sondern deren Insassen treffen, wobei es vorkommen konnte, dass ein Lehmklumpen direkt aufs Auge traf. So ein »Mettauge« hielt sich mindestens eine Woche und wechselte die Farbe von rot über blau und grün bis gelb. Also duckte man sich. In Deckung war es aber ausgeschlossen, das Kampfgeschehen zu beobachten, so dass wir kleine Gucklöcher in die Mauer bohrten. Es zeigte sich, dass wenn man genau auf ein solches Loch zielte und auch noch traf, der Gegner eine volle Ladung Sand ins Auge bekam und dementsprechend kampfunfähig wurde.

An der kleinen Weser

Die so genannte »kleine Weser« war ein toter Seitenarm der großen, also der richtigen Weser. Heute ist sie durch ein Wehr so aufgestaut, dass es nicht mehr vorkommen kann, dass dieses Gewässer bei Ebbe trockenfällt. Wobei trocken nicht der richtige Ausdruck ist, denn was nach dem Ablaufen des Wasser zu Tage trat, war ein schlabberiger, stinkender Morast. Jeder hineingeworfene Stein versank umgehend und man musste sich davor hüten, diesen Schlamm zu betreten, wollte man nicht auf Nimmerwiedersehen verschwinden. Der Schlick, der sich so im Lauf der Zeit am Grund der kleinen Weser abgesetzt hatte, hätte dem Nil alle Ehre gemacht und ich hatte einmal großen Erfolg damit, Kastanien darin zum Keimen zu bringen. Bei Niedrigwasser verströmten die von diesem Zeug überzogenen Ufersteine einen modrigen Geruch, der noch bis zur heutigen Zeit für mich den Hauch von unbeschwerter Kindheit und Abenteuer bedeutet.

Die kleine Weser hatte weseraufwärts einen mickrigen Zufluss, der von oberhalb des Weserwehrs gespeist wurde. Dieses Wasser bahnte sich auch bei Ebbe mäandernd seinen drei Meter breiten Weg durch den wabbeligen Grund. Wie man sich unschwer vorstellen kann, blieben unsere Klamotten nur an wenigen Tagen des Jahres von einer diesbezüglichen Verunreinigung komplett verschont. Insbesondere, wenn der Schlick getrocknet war, ließ er sich außer durch eine Vollwäsche nicht mehr beseitigen. Die Ebbe an der kleinen Weser bestimmte unser Leben wie die Nilüberschwemmungen das alte Ägypten. Je nach Wasserstand waren unterschiedliche Unternehmungen angesagt.

Ganz unabhängig vom Weserwasser, aber nur bei ausreichender Teilnehmerzahl, kam es oftmals zu Fußballspielen in den Anlagen. Allerdings mussten wir uns vor dem grimmigen Gärtner in Acht nehmen, der für deren Obhut verantwortlich war und der uns alle möglichen Strafen wegen Beschädigung öffentlichen

Grüns androhte. Von denen ist allerdings keine je zur Anwendung gekommen ist. Als viel lästiger erwiesen sich die Hundehaufen, gegen deren Verursacher der blöde Grünanlagenaufseher unseres Wissens nach überhaupt nichts unternahm. Einmal pausierte ich fußballmäßig freiwillig eine ganze Woche, nachdem die ausnehmend hübsche Mutter der Freundin meiner Schwester, die auf der Bank an der benachbarten Sandkiste saß, einen Schuss von mir, der am Tor vorbei gegangen war, mit voller Wucht gegen den Kopf bekam. Das brachte zwar den Vorteil, dass wir nicht so weit hinter dem Ball her laufen mussten, aber ich war schon immer gegen die Zerstörung von Naturschönheiten. Mindestens einmal während eines Fußballnachmittags kullerte unser Ball die Böschung hinab in die kleine Weser, meistens prallte er noch kurz vor der Wasserung auf die Kante eines Steines, so dass er in hohem Bogen ins Wasser flog. Dort trieb er nun und entfernte sich wie von Geisterhand geführt in einer Tour weiter vom Ufer. Wir hatten im Lauf der Jahre einiges Geschick darin entwickelt, durch hinter den Ball geworfene Steine, diesen zur Umkehr zu bewegen; freilich traf zuweilen ein unglücklicher Wurf den Ball zentral und die Arbeit einer Viertelstunde war auf einen Schlag zunichte gemacht.

Im ungünstigsten Fall taten sich zwei Möglichkeiten auf: Entweder trieb der Ball in die Mitte des Flusses, wo wir ihn nicht erreichen konnten und tatenlos zugucken mussten, wie er sich langsam aber sicher auf den Weg in die Nordsee machte. Oder die Ebbe setzte ein und er strandete letztlich mittendrin und blieb nutzlos liegen wie ein Meteorit auf dem Mond, um dann am nächsten Morgen verschwunden zu sein. Im Lauf der Zeit musste ich mich gezwungenermaßen von einigen dieser Spielgeräte verabschieden. Ein Lederball war damals keine preiswerte Sache, und bis der nächste Sportsfreund den seinen zu Verfügung stellte, dauerte es jedes Mal eine Ewigkeit.

Doch nicht nur verirrte Fußbälle blieben im Morast stecken. Eines Tages versäumte es eines der Ruderboote, die hier Tag für Tag ihre Trainingsrunden drehten, rechtzeitig den Rückweg um den Teerhof herum in die große Weser zu nehmen. Der sinkende Wasserspiegel ließ sich in der trüben Brühe nicht erahnen, und auf

Blick von der Weserbrücke auf das stark beschädigtem Stephanieviertel

einmal ging es nicht mehr vor oder zurück, mitten im Fluss. Wie schon gesagt, war ans Aussteigen nicht zu denken und der Vierer mit Steuermann hatte unsere ganze Schadenfreude für sich. Wir halfen dem Schlamassel mit ein paar wohlgezielten Steinwürfen in die Nähe des Bootes nach, so dass die schönen Sportleibchen mit stinkenden Flecken garniert wurden. Doch schließlich verlor das Spektakel seinen Reiz und uns blieb weiter nichts übrig, als zur nächsten Polizeiwache zu laufen, um das Malheur zu melden. Ich weiß auch nicht, wieso wir einen derart unzuverlässigen Eindruck machten, jedenfalls wollte uns kein Schupo Glauben schenken, und letztlich weiß ich nicht, wie sich die Sache für die Ruderer entwickelt hat. Wir unsererseits konnten ja nichts dafür und begaben uns schließlich ganz im Gegensatz zu diesen und mit reinem Gewissen zum Abendbrot.

Die Ruderer hatten wir nicht mit eigener Hand retten können, dennoch bot sich uns hinsichtlich der Todeszone auf dem Grund der kleinen Weser doch noch eine einmalige Gelegenheit zu einer – wie wir fanden – grandiosen Heldentat. Wie auch heute wimmelte es in der ganzen Gegend von verwilderten Haustauben, die zwar jeden nur gerade fressbaren Dreck aufpickten, dafür erstaunlicherweise dreimal so viel ekligen Dreck verspritzten. Trotzdem ließen wir es uns nicht nehmen, einem dieser zudem noch ziemlich hässlichen grauen Geschöpfe das Leben zu retten. Das Tier war aus unerfindlichen Gründen in die grünschwarze Pampe der leergelaufenen kleinen Weser geraten und hatte es durch unaufhörliches Flügelschlagen fertig gebracht, sich völlig einzusauen und gänzlich flugunfähig zu machen. Die Taube hockte zweckmäßigerweise in aussichtsreicher Entfernung vom Ufer, so dass ich mich daran machte, zu ihr vorzudringen. Ganz Bremen war damals mit Glassplittern jeder erdenklichen Herkunft übersät, Schuhe und Strümpfe mochte ich demnach verständlicherweise nicht ausziehen, was auch in Anbetracht der schicksalsschweren Aufgabe zweitrangig sein dürfte. Langsam immer tiefer einsinkend tastete ich mich in den Schlamm hinein und schaffte auch tatsächlich bis zu dem bedauernswerten Wesen vor. In dem Moment, als ich es retten wollte, widersetzte sich das dumme Tier durch heftiges

Zappeln meinen Bemühungen, was meiner äußeren Erscheinung nicht gerade zuträglich war. Ich griff dennoch herzhaft zu und unter allgemeinem Applaus brachte ich den Vogel in Sicherheit. Aber so verdreckt konnte man ihn zweifellos nicht frei lassen. Wir zogen also nach Hause, wo meine Oma väterlicherseits gerade den wöchentlichen Waschtag zelebrierte. Zu dieser Zeit wurde noch auf einem Waschbrett mit der Hand gerubbelt und tausendmal nachgespült. Meine Oma war normalerweise die Güte in Person, zeigte sich aber gelegentlich energisch, was bei meinem kleinen Bruder immer wieder durchaus angebracht war. Wegen ihrer Herkunft von einem schlesischen Bauernhof entsprach es eher ihrer Gewohnheit, solchem Geflügel den Hals umzudrehen, als es zu baden. Sie tauchte den armen Vogel kurzerhand und im wahrsten Sinn des Wortes ohne viel Federlesens ein paar Mal in einen Eimer Lauge, schüttelte ihn ordentlich und sagte, wir sollten bloß abhauen mit dem Vieh, sie wollte es hier nicht wieder sehen. Das schien mir zwar eine etwas verächtliche Reaktion, aber da war nichts zu machen. Zum Glück wohnte in der Nachbarschaft ein nettes, etwas älteres Mädchen namens Eva, die sich des Falles annahm und die Taube nach zwei Tagen wieder gesund und munter frei ließ. Wie man mit der Säuberung meiner Person verfuhr, entzieht sich meiner Kenntnis, gleichwohl hätte meine Rettungsaktion durchaus eine angemessenere Würdigung verdient.

Auf der Halbinsel zwischen großer und kleiner Weser hatte man eine Haltestelle für die »Elektrische«, wie meine Großmutter die Straßenbahn nannte, eingerichtet. Diese hatten noch offene Plattformen, von denen man während der Fahrt abspringen konnte. Um die Straße gefahrlos passieren zu können war ein Tunnel vorgesehen, welcher bei eiligen Zeitgenossen nur wenig Beachtung fand. Das Beste an diesem Tunnel waren die Rolltreppen, die von den Fahrgästen mithilfe einer Lichtschranke bergauf in Betrieb genommen wurden. Ein sensationeller Spielplatz, insbesondere gegen die Fahrtrichtung zu rennen machte einen Heidenspaß. Leider kam es alle Augenblicke vor, dass wir von verständnislosen Kleinbürgern von der Anlage vertrieben wurden, aber morgen war ja auch noch ein Tag.

Am Werdersee

Zwischen dem Stadtteil Habenhausen und dem »Deichschart« zum Buntentor hin war ein künstlicher See angelegt worden, der im Hochwasserfall mittels einer kleinen Schleuse das überschüssige Weserwasser von oberhalb des Weserwehrs über einen Graben auffangen sollte. Ich weiß jedoch nicht, ob diese Flutrinne jemals ihrer Bestimmung gerecht geworden ist. Es war nämlich erst zweimal in meinem Leben dazu gekommen, dass dieses Becken nicht ausreiche und die Flut das ganze Gebiet zwischen Weser und Neustadt in eine riesige Wasserwüste verwandelte. Damals kamen ganze Parzellenhäuschen daher geschwommen, kreiselten ab und zu um ein Hindernis und machten sich dann weiter auf den Weg in Richtung Nordsee.

Der Werdersee begann ungefähr auf Höhe des Weserwehrs, das den Oberlauf der Weser von den Gezeiten unabhängig machte. Neben diesem Bollwerk, wo man im Winter beobachten konnte, wie sich treibende Eisschollen krachend in die Tiefe stürzten, sorgte ein Wasserkraftwerk mit runden Generatoren, groß wie Lastwagen, für elektrischen Strom. Damit keine Fische und sonstiges Zeug in die Turbinen gerieten, floss das Wasser gurgelnd durch ein fünfzig Meter breites Gitter, das, wenn sich allzu viel Unrat angesammelt hatte, durch einen gewaltigen Rechen gesäubert wurde. Dabei guckten wir häufig zu, was sich wohl wieder für tolle Sachen verfangen hatten. Manche silbrig glänzenden Fische lebten sogar noch und zappelten in dem übrigen Gerümpel.

Dort, wo der Werdersee seinen Überlauf in die kleine Weser nahm, befand sich eine kleine Staustufe mit einem dahinter liegenden Becken, in dem nahezu keine Strömung herrschte. In diesem Becken war ein Biotop entstanden, in dem Algen wuchsen, Mückenlarven ihre Entwicklung zum stechenden Insekt nahmen und Stichlinge aufwuchsen, welche sich von den eben Genannten ernährten. In der Schule lernte ich später, dass die roten Bäuche,

Frau Sonntag mit ihren Söhnen beim Ausflug zu den Werdersee-Wiesen

die wir damals bereits beobachtet hatten, nur von den Männchen und das auch nur in der Paarungszeit getragen werden. Man kann sich denken, dass es uns reizte, diese Fischchen zu fangen, und zwar nicht einfach mit einem Kescher – den wir übrigens auch gar nicht besaßen – sondern mit der bloßen Hand. Die Stacheln an der Rückenflosse waren empfindlich spitz, doch in ihrer Panik legten die Tiere sie erfahrungsgemäß flach an den Körper, so dass der Fang nicht gefährlich, aber schwieriger war, da die Stichlinge flink und unsere Hände klein waren. Die gefangenen Tierchen setzten wir in ein liebevoll mit Weserwasser gefülltes und mit Algen angereichertes, verschlossenes Marmeladenglas. Das konnte ja nicht gutgehen, denn am nächsten Morgen trieben die kleinen Leichen erstickt unter dem Deckel.

Flussaufwärts besaß der Werdersee seinen Zulauf über einen Graben, gesichert mit einem kleinen Wehr, über das sich das Wasser in einem für das Flachland ungewöhnlich rauschenden Wasserfall von einem Meter Höhe in eine drei Meter breite und 15 Meter lange Schleusenkammer ergoss. Hierher kamen wir nur selten, ergötzten uns aber endlos an den sich ständig verändernden Strudeln. Darüber hinaus wurden dauernd alle möglichen

Gegenstände angespült, welche mehr oder weniger erfolgreich die Strudel unterhalb des Wasserfalls passierten.

Wie jeder weiß, spielen kleine Kätzchen gern, und wie man sehen wird, sogar noch, wenn sie tot sind. Ein zynisch aufgelegtes Schicksal verschlug uns genau zu dem Zeitpunkt an eben dieses Wehr, als fünf offensichtlich mutwillig ertränkte Katzenbabies von oben angeschwommen kamen. Da sie leider sowieso nicht mehr zu retten waren, beobachteten wir zunächst einmal, wie sich die Kadaver durch die Wasserwalze kämpfen würden. Weil diese bekanntlich eine starke rückwärts gewandte Strömung erzeugt, vollführten die Kätzchen mehrere Überschläge im Wasser, bevor sie unvorhergesehen eines nach dem anderen wieder ausgespuckt wurden und in ruhiges Fahrwasser gelangten. Da wir ja nicht zimperlich waren, angelten wir die patschnassen schlaffen Bälger entschlossen an Land und warfen sie oberhalb des Wehrs wieder ins Wasser. »Wetten, dass die getigerte als erste wieder rauskommt, oder vielleicht doch eher die schwarze mit den weißen Pfötchen?« Nach einiger Zeit verloren wir dann die Lust an dem Spiel, und obwohl die Kätzchen keinerlei konditionelle Schwächen zeigten, ließen wir sie in Frieden treiben.

Feuer machen

Nichts ist für Jungen jeden Alters spannender als ein selbst entfachtes Feuer. Das braucht ständig neue Nahrung und man muss aufpassen dass es nicht die ganze Böschung in Brand setzt, während man Nachschub für die Flammen sammelt. Bei alledem ist es auch noch strikt untersagt. Bis auf einige griesgrämige kinderlose Erwachsene war die eingeborene Gesellschaft hinreichend tolerant, nicht jedoch meine Eltern. Obwohl sie sich ja vorstellen konnten, welche Anziehungskraft die Sache für uns hatte, handelten wir uns durchgehend Ärger ein, wenn wir Feuer gemacht hatten. Woher wusste meine Mutter Bescheid, wenn wir wieder mal gezündelt hatten? Keine Frage, sie roch es an unseren Kleidern, dagegen war tatsächlich nichts einzuwenden. Unter günstigen Umständen half die Notlüge – es könnte auch die Wahrheit gewesen sein –, dass wir nur zugesehen hätten, wie die großen Jungs mit dem Feuer gespielt haben. Bei einer eingehenden Befragung mussten wir ja ehrlich zugeben, dass es überhaupt keinen Nutzen hat, irgendwelches trockenes Gestrüpp, wie den hier überall wachsenden Beifuß, nur so zu verbrennen. Dieses Argument entbehrte zwar nicht einer gewissen Vernunft, war hingegen nach unserer allgemeinen Auffassung nicht zu gebrauchen.

Empfindliche Strafen zog solcher Unfug selten nach sich, und im Gegenzug beherzigten wir die erfolgten Ermahnungen auch eine angemessene Zeit. Doch wenn sich die Gemütslage beruhigt hatte, war das nächste Lagerfeuer fällig. Man konnte ja auch Jacke und Hose vorsichtshalber gleich unten im Hausflur ausziehen und in den Keller zum Waschen bringen, weil sie angeblich dreckig und nass geworden waren. Es hatte sich hierbei erwiesen, dass eine Nacht zum Ausdünsten reichte.

Ausgerechnet mir musste passieren, was jeder von uns schon immer befürchtet hatte: meine Kleidung wurde angesengt. Es war kalt und ich hockte mich zum Aufwärmen mit dem Rücken zum

Feuer, als im Handumdrehen mein Pullover in Flammen stand. Meine beteiligte Bande reagierte zügig und klopfte den Brandherd nieder, allein das schwarz umrandete Loch ließ sich nicht mehr rückgängig machen. Das hatte ja gerade noch gefehlt, und was das Schlimmste war, es bot sich nicht die geringste Ausrede an. Nachdem ich mich der Verschwiegenheit meiner Freunde versichert hatte, ging ich mit der unschuldigsten Miene der Welt nur im Hemd nach Hause. Als meine Mutter fragte, wo denn mein Pullover sei, so bekleidet wäre es doch viel zu kalt, fiel mir auf einmal ein, dass wir ja Fußball gespielt hatten und mein zusammengeknüllter Pullover der linke Torpfosten gewesen war. Sowas kam schon mal vor und bisher lag der verlassene Torpfosten später auch immer noch an seinem Platz – einmal sogar noch am nächsten Morgen. Doch bedauerlicherweise musste jemand mein Kleidungsstück ausgerechnet heute mitgenommen haben. Während der nächsten Tage fragte ich bei allen in Frage kommenden Nachbarn nach dem Verbleib meines Pullovers, doch keiner hatte den blassesten Schimmer. Kein Wunder, er lag ja bereits eine Weile mit einem Stein beschwert auf dem Grund der kleinen Weser.

Ganz anders verhielt es sich, wenn ich mit meinem Opa »Feuer machte«. Sein Garten war eine Eck-Parzelle, wo sich aus diesem Grunde eine Wegkreuzung ergab, die man sogar als kleinen Platz bezeichnen konnte. In der Mitte davon bildete sich im Lauf der Zeit eine mit Grünzeug bewachsene Verkehrsinsel, weil die Fußgänger und Radfahrer immer den Weg links- oder rechtsherum einschlugen. Dort befand sich die allgemeine Feuerstelle der Nachbarschaft, wo regelmäßig Gartenabfälle verbrannt wurden, was heutzutage strengstens untersagt ist. Das war jedes Mal ein aufregendes Ereignis. Zuerst sammelten wir alles brennbare Material, transportierten es vor den Garten, besorgten einiges Zeitungspapier zum Anzünden und: Feuer marsch! Hierbei war darauf zu achten, dass die Flammen laufend Futter bekamen, kein winziger Brandherd abseits lag und die Luftzufuhr stimmte. All dies musste mit Hilfe einer Mistgabel erledigt werden. Die ganze Aktion konnte schon mal eine beträchtliche Zeit in Anspruch nehmen, aber zwischendurch mal weggehen, das gab's nicht. Bei der Gelegenheit probierte ich aus, ob sich Brennnesselhalme oder Holunderzweige besser rauchen ließen, doch die schmecken genau so widerlich wie richtige Zigaretten. Wenn das Brenngut zu viele grüne Stängel oder gar Blätter enthielt, entwickelten sich fürchterlich beißende Qualmwolken, worüber zwar die Nachbarn allen Anlass hatten sich zu beschweren, es aber nie taten.

Vor dem Garten meiner Eltern verhielt es sich ähnlich; dort wollten mein Vater und ich an einem ungemütlichen Tag im Winter, als sonst niemand in der Nähe war, alte Matratzen verbrennen. Nachdem wir diese locker aufgeschichtet hatten, stellte sich heraus, dass das ganze Zeitungspapier nicht zum Anzünden taugte. Also her mit dem Reserve-Benzinkanister und die Matratzen kräftig durchtränkt. Ich durfte den Haufen anzünden, was zwar spannend und abenteuerlich war, mir aber gar nicht gut bekam. Es gab eine monströse Stichflamme, die mir schlagartig sämtliche Augenbrauen und Wimpern bis auf die Haut absengte. Außerdem zog sich der Brand endlos in die Länge, was nur insofern von Vorteil war, als einem nicht kalt wurde. Zum Mittagessen musste ich mich jedenfalls umziehen, weil ich roch wie eine Kompanie Schornsteinfeger. Ich weiß heute nicht mehr, ob wir meiner Mutter den Zwischenfall mit meiner abhanden gekommenen Behaarung wirklich glaubhaft verheimlichen konnten.

Mit dem Roller

Zu jener Zeit, als wir noch zu klein waren und keine richtigen Fahrräder besaßen, bewegten wir uns auf sogenannten »Rollern« durch die Straßen der angrenzenden Gebiete. Es handelte sich dabei um zweirädrige Gefährte mit Ballonreifen, bei denen man mit einem Bein auf dem Trittbrett stand und sich mit dem anderen abstieß. Der unsrige zeichnete sich durch einen Schmutzfänger – ähnlich wie bei Motorrollern – aus, so etwas hatte sonst keiner der Spielkameraden. Dummerweise durften wir nicht lange damit angeben, denn über kurz oder lang nannten fast alle anderen Kinder ein Kleinfahrrad ihr Eigen, mit zwar ebenso kleinen Reifen, dafür aber mit Tretkurbel und Kette als Antrieb. Es enttäuschte uns maßlos, dass unsere Eltern ihren Sprösslingen diesen Luxus verweigerten. In der Folgezeit fanden unzählige Wettkämpfe statt, um die Überlegenheit des einen oder anderen Vehikels nachzuweisen. Auf alle Fälle erwies sich der Roller in unwegsamem Gelände als unschlagbar, zumal das Schutzblech sämtliche Brennnesseln und Dornen abwehrte und ein unbeschadetes Durchfahren selbst tiefer Pfützen ermöglichte. Auch war er weniger reparaturanfällig, insbesondere weil keine Kette versanden konnte.

Mit diesem Ding unternahmen wir dann und wann ausgedehnte Erkundungszüge in die entferntere Umgebung, was nicht unbedingt gern gesehen, aber auch nicht ausdrücklich untersagt wurde. Schließlich diente es der Erweiterung unseres Horizonts und weil nicht zu erwarten war, dass in Begleitung des hinderlichen Teils unschickliche Aktionen in Angriff genommen wurden. Überhaupt unterlag das Aufsichtsbedürfnis unserer Eltern unerklärlichen, jahreszeitlich nicht zuzuordnenden Schwankungen. Bei einem dieser Ausflüge gelangten wir zum Ehrenmal der Stadt Bremen am Osterdeich. Nachdem wir dessen Innenraum hinlänglich interessiert in Augenschein genommen hatten, schien es mir ein fabelhafter Einfall, den dortigen Berg in Richtung Kunsthalle hinunterzurasen. Das war recht wagemutig, mein Kumpel – ich weiß nicht mehr, wer – ließ mich lieber erstmal vorfahren. Ohne zu treten nahm meine Geschwindigkeit berauschende Ausmaße an und als geübter Rollerfahrer beherrschte ich mein Gefährt. Das haute richtig gut hin, doch dann kam der etwas tiefer liegende und durch Kantsteine eingefasste Querweg. Runter ging's noch reibungslos, aber die kleinen Reifen vermochten die hohe Kante aufwärts nicht zu überwinden. Roller und ich schlugen einen perfekten Salto. Doch während mein Körper irgendwo auf den Rasen krachte, kam der Roller auf wundersame Weise wieder auf die Räder und hoppelte zielstrebig nach unten und, wie sollte es anders sein, direkt in den Wallgraben. Da hatten wir den Salat! Mein Begleiter zog es daraufhin vor, seinen Roller schiebend bergab zu befördern und mit vereinten Kräften bargen wir den meinigen aus Wasser und vermodertem Laub. Dieses Ereignis richtete in meiner Abenteuerbilanz keinen beträchtlichen Schaden an, doch man kann sich kaum vorstellen, welcher Gestank sich anschließend in unserer Umgebung verbreitete.

Der Tretroller – Man konnte auch zu zweit drauf fahren

Mit dem Fahrrad

Nachdem ich meine Rollerphase überwunden hatte, bewegte ich mich hauptsächlich auf dem Fahrrad von einem »Tatort« zum nächsten. Mein erstes Rad war ein gebrauchtes, das mein Vater mal wieder von irgendeinem Bekannten günstig erworben hatte. Es besaß ein nie wieder gesehenes Format, außerdem hatte es Ballonreifen und einen Lenker wie aus Omas Zeiten. Es ging mir gehörig auf die Nerven, dass auf Grund irgendeiner familiären Doktrin bei uns unweigerlich alles unnormal und angeblich besonders gut sein musste. So passte mir auch dieses Gefährt erst einmal nicht in den Kram, doch es zeigte sich beim weiteren Gebrauch in diversen Anforderungsbereichen allen anderen überlegen.

Folgenden besonders bemerkenswerten Einsatz konnte ich nur mit meinem Spezialrad bestehen, und hinterher war ich ordentlich stolz auf das seltsame Vehikel. Zu meiner Zeit bestand ein Großteil unseres Wohngebietes noch aus aufregenden Ruinen, die im Lauf der Zeit ebenso interessanten Baustellen wichen. Beide wiesen ein gemeinsames Merkmal auf: Man durfte sie nicht betreten. Bei einer der Ruinen waren nur noch die Grundmauern vorhanden, die mal mehr, mal weniger als einen halben Meter über dem Erdboden endeten. Dieses Mehr-oder-weniger einschließlich der Fenster- und Türlöcher hatte sich durch Erosion und Pflanzenbewuchs zu einer ausgezeichneten Berg- und Tal-Bahn entwickelt, auf der man zwar laufen, aber weder mit den kleinen noch den großen Rädern fahren konnte, nur mit meinem! Ich war also bei diesem Abenteuer ganz auf mich allein gestellt und kurvte bis zur Erschöpfung auf den welligen Mauerresten herum, bis trotz aller Artistik passierte, was passieren musste: Ich stürzte samt Fahrrad hinein in die ruinöse Grube. Die Schmerzen waren bald verdrängt angesichts des Problems, wie ich mit meinem recht schweren Geländefahrzeug da wieder rauskommen sollte. Kein Schieben führte ans Ziel und von oben konnte ich nicht weit genug hinunterreichen, um es bergauf zu ziehen. Schließlich fand ich auf dem Gelände ein scheußlich nach Teer stinkendes Seil, mit dem ich das Malheur beendete. Natürlich schon im Dunkeln, kam ich viel zu spät nach Hause – wir mussten abends an Deck sein, sobald die Straßenbeleuchtung anging – und konnte mich noch nicht einmal mit der Wahrheit herausreden, da dieses Gemäuer jenseits der Weserbrücke lag, wo wir sowieso nichts zu suchen hatten. Insgesamt hatte ich nur zwei richtig gefährliche Unfälle zu überstehen. Heutzutage hätte kein Kind mehr eine solche Gelegenheit, unter die Räder zu kommen wie ich damals, als ich beim Überqueren der Straße in Richtung Garten interessiert einen dort auf einem hohen Mast angebrachten altmodischen Taubenschlag samt Bewohner beobachtete, statt auf eines der seltenen Autos zu achten, das von hinten nahte. Nach dem Zusammenstoß flog ich gefühlte zehn Meter durch die Luft und mein Vehikel verkeilte sich unverrückbar unter dem Wagen. Das Rad war reichlich ramponiert und bedurfte einer größeren Reparatur, während ich wegen einer möglichen Gehirnerschütterung einen halben Tag ins Bett verbannt wurde. Ein anderes Mal schlitzte der ausladende Eisenträger eines Ruderboot-Transporters, der am Sonntagabend von einer der häufigen Regatten heimwärts fuhr, meinen linken Oberschenkel zwanzig Zentimeter weit auf. Die Narbe sieht man heute noch und meine Lieblingshose war hin. Diese Ruderregattas stellten seit eh und je einen besonderen Höhepunkt auf dem Werder dar, brachten jedoch ironischerweise den Nachteil einer mindestens neunzigprozentigen Regenwahrscheinlichkeit am betreffenden Tag mit sich.

Später besaß ich natürlich wie alle anderen Jugendlichen auch ein ganz normales 26er-Rad, wobei ich zugeben muss, dass ich zunächst viel zu klein für den Rahmen war. Doch wollten meine Eltern, in diesem Fall allerdings mein Opa, nicht alle zwei Jahre ein neues Fahrrad bezahlen. Infolgedessen bekam ich Holzklötze auf die Pedalen geschraubt, damit meine Füße daran reichten. Das war mir jedoch so peinlich, dass ich die Dinger sobald wie möglich wieder abmontierte, selbst wenn ich dadurch mit meinem Hintern auf dem Sattel wer-weiß-wie hin und her rutschte.

Unsere Räder hatten allerhand auszuhalten. So etwa wenn ich mich zwischen zwei Freundinnen nicht entscheiden konnte, saß die eine hinten auf dem Gepäckträger, die andere nahm vorne auf der Stange Platz. Die Tour von der Werrastraße zum Werdersee und zurück erwies sich mit zwei Passagieren als eine anstrengende Angelegenheit.

Eines schönen Tages im Hochsommer war ich mit Martin auf nur einem Rad im ausgedehnten Labyrinth der Parzellenwege unterwegs. Eventuell hatte das Rad meines Bruders ja an diesem Tag »einen Platten«, allerdings machten wir das häufig extra so, dass einer fuhr und der andere hinten drauf saß. Manchmal musste der vorne sitzende Fahrer die Augen zumachen und der Hintermann gab entsprechende Anweisungen: rechts, links, geradeaus. Jedes Mal wenn wir in einer Hecke landeten, wurde der Chauffeur gewechselt. Jedenfalls wollten wir gerade von jenseits des Werdersees rechtzeitig zum Sonntagskaffee zum Garten, als wir auf die wahnwitzige Idee verfielen, mitsamt dem Rad die Abkürzung direkt durch den Werdersee zu nehmen. Gesagt getan, einer fasste das Vorderrad, der andere packte den Gepäckträger und ab ins Wasser, wobei die

Auch das Gelände-Rad musste rüber

zahlreich anwesenden Badenden nicht schlecht staunten. So ein Fahrrad ist – selbst schwimmend – für zwei Jungen eigentlich keine großartige Last, zumal der Auftrieb unter Wasser für zusätzliche Erleichterung sorgen sollte. Indessen wurde das Ding mit der Zeit unaufhörlich schwerer und schwerer, bis erst einer und demzufolge erst recht auch der zweite entkräftet losließ.

Da paddelten wir nun mitten im Werdersee herum und unter uns war das Rad auf den Grund gesunken. Glücklicherweise fiel mir ein, dass ich für irgendwelche Eventualitäten immer ein kräftiges Tüdelband um meinen Gepäckträger gewickelt hatte. Kurz entschlossen tauchte ich hinunter, fummelte auf den allerletzten Sauerstoff in meinen Lungen das Band los und erschien mit dem losen Ende wieder an der Oberfläche. So hofften wir, das Rad zum Ufer schleifen zu können, was sich jedoch sehr bald als aussichtslos erwies. Was tun in dieser vertrackten Situation? Ich weiß nicht mehr, wer von uns beiden auf folgende raffinierte Idee kam, die dann auch zur Ausführung gelangte: Ich konnte besser schwimmen und blieb deshalb an Ort und Stelle und hielt das Band fest. Martin konnte besser quasseln und schwamm mittlerweile zu dem Ufer, zu dem wir hin wollten, und berichtete einigen Jungen, die sich in dem beneidenswerten Besitz einer Luftmatratze befanden, diese abenteuerliche Geschichte: Wir beide hätten beim Baden und Tauchen auf dem Grunde des Sees ein irgendwann einmal verloren gegangenes Fahrrad gefunden und wollten dieses nun bergen, wozu wir unter allen Umständen eine Luftmatratze als Transportmittel benötigten, – ob sie uns die ihrige wohl kurzfristig leihen würden? Die Bengel waren derart begeistert von der Sache, dass sie sogleich zustimmten und sogar mit schwammen. Als mein Bruder nach endlos erscheinender Zeit samt Luftmatratze wieder zurückkam, zogen wir den Tampen soweit über die Luftmatratze, dass diese das Gewicht des Fahrrades gerade trug und schwammen unter dem Gejubel der Jungen an Land. Kein Mensch wunderte sich darüber, dass das soeben geborgene Fahrrad kein bisschen von Algen und Schlamm verunreinigt war, und vor allem, auf welche mysteriöse Weise es überhaupt erst dorthin geraten war.

Der Polizist

Die kleine *Frau Schmolke* führte einen ebenso kleinen Zeitschriftenladen an der Werderstraße, in dem es aus unserer Sicht hauptsächlich Wundertüten zu kaufen gab. Der Kauf einer Wundertüte bedurfte einer ausgefeilten Technik. Wir sammelten zu dieser Zeit Afrika-Tiere, dazu gehörten natürlich auch Bäume, Palisaden, Neger und Kürbis-Kalebassen, alles aus Gummi. In so einer Wundertüte befanden sich immer nur ein größeres Lebewesen, zwei Utensilien oder kleine Tiere oder ein halber Baum. Durch intensives Betasten aller Tüten probierten wir verständlicherweise vor dem Kauf heraus zu finden, was – neben zwanzig Körnern Puffreis – an Beute in der Tüte verbarg. Meistens ließ uns die gute Frau in aller Ausführlichkeit grabbeln, allerdings wurde der Vorrat auch nicht dauernd wieder ergänzt, so dass wir uns schließlich auch mit dem Rest zufrieden geben mussten, was dazu führte, dass unser Urwald von unscheinbaren Äffchen und allerlei Kleinkram nur so wimmelte, genau wie »in richtig«.

Wenn wir nicht gerade aus Gründen flexibler Fluchttaktiken zu Fuß unterwegs waren, bewegten wir uns später auf Fahrrädern. Das war an diesem Tag nicht der Fall. Wir waren inzwischen etwas älter und kauften in eben diesem Laden, wenn wir es uns leisten konnten, für dreißig Pfennig ein *Mars*, *Nuts* oder *Bounty*.

So kam es, dass wir, mein Freund Christian aus der Fuldastraße und ich, uns nicht in der Lage sahen, zwei unbekannte, aber selbstverständlich tolle, nette, hübsche usw. Mädchen, welche den Radweg vor Frau Schmolkes Laden entlangfuhren, angemessen zu verfolgen. So machten wir uns den Spaß, eines der vorbeifahrenden Räder am Gepäckträger festzuhalten. Das überraschte Mädel verlor das Gleichgewicht und kippte mit dem Rad leicht nach links, wobei die vordere Schutzblechkante gegen ein dort abgestelltes Auto schrammte. Was macht schon so ein kleiner Kratzer, dachten wir, nicht aber der just in diesem Moment auftauchende

Besitzer des beschädigten Kotflügels. Dieser völlig humorlose Zeitgenosse rief umgehend die Polizei, die sich seinerzeit noch um solche Lappalien kümmern konnte.

Der Schupo ließ auch nicht lange auf sich warten und so fragte er mich als den zugegebenermaßen Handgreiflichen erst einmal nach meinem Namen. Ich tat aus einer anarchistischen Laune heraus so, als müsste ich erst einmal überlegen und antwortete dann allerdings wahrheitsgemäß »Sonntag«. Mein Zögern ließ den Gesetzeshüter an meinen Angaben zweifeln: Das wollte er doch mal bei mir zu Hause überprüfen, ich sollte mal eben mit in seinen Wagen steigen. Dahin wäre es gar nicht weit, ich könnte auch zu Fuß gehen, bemerkte ich, kam damit jedoch nicht durch und wurde wie der Prinz von der Werrastraße die zweihundert Meter im grünweißen Auto vor die Haustür kutschiert.

Nach meinem sozusagen dienstlichen Klingeln öffnete meine Mutter von oben elektrisch die Haustür und ich stiefelte – irgendwie gar nicht so recht schuldbewusst – hinter dem uniformierten Herren die Treppe hinauf. Der junge Mann stellte sich vor: »Guten Tag, mein Name ist *Sonnabend*, Ihr Sohn hat ...« weiter kam er nicht, denn meine Mutter fing schallend an zu lachen. Er gab ihr noch schnell den guten Rat, besser auf mich aufzupassen, stieg fluchtartig die Treppe hinunter und verschwand mit seinem Polizeiwagen.

Scherze mit unserem Namen waren uns ja nicht neu, doch anders herum kam uns die Sache erst recht komisch vor. Wie auch immer, das unerschütterliche Vertrauen meiner Mutter in den Charakter ihres Sohnes sowie eine wachsame Skepsis gegenüber Autoritäten und das in der Tat witzige Zusammentreffen der Namen ergab, dass wir nichts mehr von der Sache hörten.

An der Seefahrtschule

Hinter der stadtauswärts letzten Straße unseres Wohnviertels, der Fuldastraße, hatte man die Hochschule für Nautik aus dem Boden gestampft. Dahinter schloss sich dann das weitläufige Gelände des Wasserwerks mit der »Umgedrehten Kommode« an. Daneben lag der »Steinplatz«, ein Lagerplatz für Pflastersteine, Schotter und sonstige Steine aller Art. Die riesigen Steinmengen wurden von Lastkähnen auf der kleinen Weser herangeschippert und mithilfe eines klapprigen Baggers, der auf einem Betongestell halb im Wasser stand, ausgeladen. Eiserne Kipploren karrten ihre Last auf vier Meter erhöht führenden Schienen quietschend an ihren Bestimmungshaufen und entluden sie unter ohrenbetäubendem Gepolter. Es war eine feine Sache, auf den Betonträgern des Baggers herum zu balancieren, insbesondere, wenn man sich begegnete und nicht ins Wasser plumpsen wollte. Die Steine wurden von Lastern, die sich röhrend durch die kleinen Straßem quälten, weiter ihrer Bestimmung zugeführt. Wenn unser Fußball unter deren Zwillingsreifen geriet, ging er unweigerlich kaputt, auch wenn er aus Leder war.

Zu der genannten Hochschule sagten wir immer nur »Seefahrtschule«, weil dort zukünftige Kapitäne unterrichtet wurden. Bevor diese ihre Ausbildung beendet hatten, waren sie schon überaus eingebildet. Mein Vater vermietete immer eine Wohnung unseres Hauses an solche Studenten, denn die zahlten die ganze Zeit Miete, obwohl sie während der Semesterferien die Wohnung nicht benutzten. Einer von ihnen kam aus dem Irak und brachte uns öfters Gebäck aus der Heimat mit, das dermaßen süß war, dass man nach zwei Bissen den ganzen Tag lang nichts mehr essen mochte.

Dieses wissenschaftliche Institut verfügte damals schon über einen Wellensimulator, in dem gigantische Schiffsmodelle zum Schaukeln gebracht wurden, und das Tollste war, dass er zu ebener Erde lag, so dass wir die Experimente durchs Fenster verfolgen konnten. Es sei denn, der allgegenwärtige Hausmeister vertrieb uns vom Hof. Hausmeister – diese Erkenntnis hatten wir im Lauf der Zeit gewonnen – gehörten zu der Spezies von Mensch, deren Lebensaufgabe offensichtlich darin bestand, uns Kindern den Spaß am Dasein zu vermasseln.

Vor dem Haupteingang selbigen Instituts hielt eine beachtliche Bronzeplastik Wache: Ein Neptun mit Fischschwanz, Krone, Dreizack und dickem Bauch. Es war gar nicht so einfach, auf dem glatten Metall den Königssitz oben auf der Krone zu erklimmen; doch wenn man es erst einmal geschafft hatte, machte es riesigen Spaß, über Brust, Bauch und Schwanz hinunter zu rutschen. Der arme Meergott war vorne schon ganz blank geputzt.

Die »Umgedrehte Kommode«, das alte Wasserwerk Bremens als Wahrzeichen der Alten Neustadt (noch mit den alten »Türmchen«)

Die Neptun-Skulptur steht heute vor der Hochschule für Nautik und Seeverkehr

Auf der weserzugewandten Seite war die Wand der Hochschule aus Ziegelsteinen gemauert, von denen einige in gleichmäßigen Abständen um drei Zentimeter vorstanden. An dieser Fassade konnte man wie in der Eiger-Nordwand hervorragend senkrecht in die Höhe klettern. Ab drei Meter Höhe mochte man schon nicht mehr gerne runter fallen, noch einen Meter höher wagte man sich nur noch zögerlich weiter, und danach traute ich mich nicht einmal mehr, rückwärts zu blicken. Die Wand hatte eine Höhe von etwa acht Metern, welche rein technisch gesehen im Prinzip auch zu bewältigen sein sollte, doch so ganz ohne jegliche Sicherung bekam ich nach jedem Schritt aufwärts weichere Knie. Ich kriegte es leider nie hin, die im Gebäude angedeutete, überragende Schiffs-Kommandobrücke da oben zu erreichen, weil »bedauerlicherweise« im rechten Augenblick ein besorgter Erwachsener des Weges kam und mich – zu meinem vorgeschützten Unmut – von meinem echt riskanten Vorhaben abbrachte.

Die Heizung der Seefahrtschule besaß einen mächtigen, mindestens zehn Meter hohen Schornstein, der separat etwa anderthalb Meter neben dem Hauptgebäude stand und auf der Höhe des Flachdaches endete. Damit der Schornsteinfeger dort hinauf gelangen konnte, war an der Seite eine Leiter aus Eisenbügeln angebracht. Um uns jedoch das Raufklettern zu verwehren,

Seefahrtschule und DGzRS

befand sich die unterste Stufe in einer für uns unerreichbaren Höhe, auch mit Räuberleiter war hier nichts zu machen. Trotzdem ließ ich es mir nicht nehmen, diesen höchsten Gipfel der Umgebung zu erklimmen. Dazu war es erforderlich, mich die ersten Meter bis zur untersten Stufe am Blitzableiter hoch zu hangeln – eine Übung, die kaum jemandem sonst gelang. An einem dieser langweiligen Tage mit ungemütlichem Wetter, an dem sich kein potenzieller Spielgefährte draußen blicken ließ, nahmen Ronald und ich die Erstbesteigung besagten Schornsteins in Angriff. Das war in der Tat ein kühnes Unterfangen und wir konnten keine Zeugen gebrauchen. Mit jeder Stufe erhöhte sich die Kraft, mit der wir uns an den bedenklich dünnen Bügeln festklammerten, aber es gab kein Zurück, obwohl uns schon ein bisschen »blümerant« zumute war. Oben angekommen musste man sich ohne richtigen Haltegriff auf den Rand des Schornsteins schwingen und aufpassen, nicht in das schwarze Loch zu stürzen. So weit so gut, nun befanden wir uns in luftiger Höhe und wie die Dinge nun einmal standen, konnten wir uns mit dem Erreichten nicht zufrieden geben. Sämtlichen Mut zusammen nehmend, sprangen wir über den gähnenden, anderthalb Meter breiten Abgrund auf das flache Dach, und damit es sich auch richtig lohnte, mehrmals hin und zurück. Gerade in dem Moment, als wir uns anschickten, die Dachfläche und die nähere Umgebung der Sternwarten-Kuppel zu erkunden, tauchte ausgerechnet dort der Hausmeister auf. Nichts wie weg: eilig rüber gesprungen, runter geklettert, aber nicht etwa abgehauen, sondern prompt in aller Frechheit zum Vordereingang hineinspaziert. Dort hatten wir einen prima Vorwand, denn im Foyer hing ein interessantes Wandbild, das die Hafenanlagen Bremens darstellte. In dessen Betrachtung wurden wir vom Hausmeister gestört, der uns fragte, ob wir nicht zwei kleine Jungen gesehen hätten, die fast vom Schornstein gefallen wären und nicht wieder runter konnten. Das eine wie das andere empfanden wir als unerhörte Beleidigung. Wir hatten selbstverständlich und zu unserem Bedauern von Tuten und Blasen keine Ahnung. Wie die kleinen Bengel denn ausgesehen hätten? Schließlich verzogen wir uns dann aber doch lieber.

An der großen Weser

Es gehört für mich zu den unergründlichen Tatsachen dieser Welt, niemals in die Weser gefallen zu sein, jedenfalls nicht so richtig, obwohl ich mich geradezu täglich dieser Gefahr aussetzte und es meines Wissens keinen Jungen gab, den dieses Schicksal nicht irgendwann einmal ereilt hatte. Allenfalls unterlief es mir in der Ausübung meines Tagewerks schon mal, mit einem Fuß abzuglitschen, so dass die Weser von oben in meine Schuhe floss. In unserem Fachjargon hieß es dann, sich einen »Nassen« geholt zu haben.

Im Sommer, wenn wir vom Garten aus operierten, war das nicht weiter schlimm, weil am Weserstrand »barfuß« angesagt war. Dort hing alles davon ab, ob auf- oder ablaufendes Wasser herrschte. Das war leicht an einem feuchten beziehungsweise trockenen Wesersaum zu erkennen. Beim Wasserburgen-Bauen ging es darum, eine stabile, für die anrollenden Wogen möglichst

Das Ende des Zweiten Weltkrieges bedeutete auch in Bremen große Trümmerlandschaften

unüberwindliche Festung zu errichten. In angemessenem Abstand zur derzeitigen Wasserlinie, um ausreichende Bauzeit zu haben, aber noch dicht genug, dass die geplante Katastrophe auch stattfinden konnte, bevor die Ebbe einsetzte, häuften wir einen Kegel mit einer gegen die Fluten gerichteten Mauer auf. Das Baumaterial stammte aus dem dazwischen liegenden Graben, welcher sich später auf wundersame Weise von selbst mit Wasser füllte. Wenn alles nach Plan lief, war die Burg fertig, und zwar in genau dem Moment, in dem das feindliche Wasser die Mauer erreichte. Wir verfolgten nach vollbrachtem Bau mit selbstzerstörerischem Interesse, wie das Kunstwerk wieder zu ganz normalem Sand zerfiel, aus dem es indes jederzeit neu erbaut werden konnte. Zu unserer Enttäuschung konnte es sich dann und wann ereignen, dass die Flut nicht hoch genug auflief. Dann hatte unser Bauwerk keine Bewährungsprobe zu bestehen oder die ganze Pracht wurde von den sich hoch überschlagenden Bugwellen eines vorbeifahrenden Schiffes mit einem Schlag zunichte gemacht. Mitunter warteten wir auch bloß auf den nächsten vorüberziehenden Kahn, um uns todesmutig an den Wasserrand zu stellen und abzuwarten, ob wir nun einen Nassen kriegten oder nicht. Etwas, was uns nie gelang, war das vollständige Einbuddeln des gesamten Körpers eines freiwilligen Opfers, mit dem Ziel, dass der Eingegrabene sich nicht wieder aus seinem sandigen Loch befreien konnte.

Hier »am Strand«, wie wir sagten – denn es gab weit und breit nur diesen einen –, verkehrte eine Fähre zum Osterdeich hinüber – wohl eher, um die Städter aus dem »Viertel« ins Grüne zu befördern, als uns in die Zivilisation. Ab und zu benötigten auch wir diese Überquerung aber doch: Einmal, um uns bei ganz besonderen Gelegenheiten mit meiner kleinen Oma mütterlicherseits zu *Chiamulera* am Sielwall zu begeben und einen Eisbecher zu genießen. Und zeitweilig war ich an einigen Wochenenden mitten im herrlichsten Sommer gezwungen, samstags vom Garten zur Schule zu gehen, weil kein Familienmitglied auf eine Minute Parzellenaufenthalt verzichten wollte. Dann lag ein endloser Fußmarsch vor mir, unterbrochen von diesem immer wieder aufregenden Übersetzen. Ich bekam das Fährgeld jedes Mal abgezählt mit, und

Einweihung der neugebauten Weserbrücke

so brach das Unheil über mich herein, als mir die Münzen herunter- und durch die Ritzen des hölzernen Anlegers fielen und in der Unzugänglichkeit der Ufersteine verschwanden. Vermutlich war es meinem jämmerlichen Gemütszustand zu verdanken, dass ich die Überfahrt umsonst bekam, nur den Rückweg musste ich zu Fuß ganz außen herum über den Stadtwerder nehmen.

Zwischen dem Grundstück der *Gesellschaft zur Rettung Schiffbrüchiger* und dem so genannten »Schwarzen Berg« lag das »zweite Gebiet«. Abgesehen davon, dass hier am flachen Ufer immer allerhand Treibgut in den Baumwurzeln hängen blieb, konnte man dort nicht viel anstellen, durfte jedoch den täglichen Kontrollgang nicht versäumen. Die Bäume wuchsen an diesem Uferabschnitt dicht am Wasser, so dass sie bei wesentlich höher auflaufender Flut sogar mitten in der Weser standen. Wenn man den richtigen Zeitpunkt abpasste, gelang es, trockenen Fußes über den Stamm auf Äste zu klettern, die über die gurgelnden Fluten ragten. Das galt auch bei uns schon als waghalsige Aktion und war nicht jedermanns Sache.

An diesem Tag war ich hier ausnahmsweise mit meinem Bruder unterwegs, begleitet von seinem besten Freund Uwe, der zwei

Häuser neben uns wohnte, ein lustiges Kerlchen war und dessen wahrlich homerisches Lachen mir noch heute im Ohr klingt. Die beiden klabasterten also munter auf den unteren Zweigen eines Ahorns herum, während das Wasser immer höher stieg. Ich hatte da keinen Platz mehr und blieb am Ufer stehen. Plötzlich rutschte Martin auf der feuchten Rinde ab und plumpste ins Wasser. Das war ja wahrlich nicht beunruhigend und erheiterte Uwe und mich gebührend. Dieser aber verfiel in ein derart erschütterndes Lachgebrüll, begleitet von wahrlich unwiderstehlichen Bauchkrämpfen, dass er nicht mehr in der Lage war, sich festzuhalten und ebenfalls in voller Montur abstürzte. Die kurze Distanz zum Ufer bewältigten die beiden schwimmend und prustend trotz ihrer dicken Sachen und selbst unsere Mütter zeigten sich nach meiner Schilderung des Vorfalls eher amüsiert, jedenfalls erfolgte keinerlei Strafe.

Eines Tages jedoch verkündete meine Mutter: »Ihr geht mir um Gottes Willen nie mehr an die Weser, und wehe, wenn doch!« Eine völlig unzumutbare Forderung, sie hätte genau so gut sagen können, wir sollten in Zukunft aufs Pinkeln verzichten oder von einer Katze zu verlangen, sich von Heu zu ernähren. Erfahrungsgemäß wiesen solche Drohungen nur eine begrenzte Haltbarkeitsdauer auf. Ich musste leider zugeben dass ihre Reaktion nicht ganz unbegründet war, obwohl mich absolut keine Schuld traf, wie man gleich sehen wird. Nebenan auf gleicher Etage wohnte ein entzückendes kleines Mädchen, Elke mit Namen, im selben Alter wie mein Brüderlein. Die beiden spielten häufig miteinander, wobei sie, wie schon erwähnt, abwechselnd die Abkürzung über das gemeinsame Balkongeländer nahmen. An diesem verhängnisvollen Abend mitten im kalten Winter, als schon längst die Straßenlaternen leuchteten, sorgten sich meine und Elkes Mutter um ihre Kinder, und ich sollte mich mal auf die Suche machen. Das kam öfter vor und ich war dementsprechend ärgerlich. Weit zu gehen brauchte ich indessen nicht; bereits an der nächsten Ecke kam mir das kleine Pärchen entgegen, bei näherer Betrachtung auffällig breitbeinig und schwerfällig, als hätten sie in die Hose gemacht: ein Bild für die Götter! Gerade als ich zu einer Schimpfkanonade ansetzen wollte, bemerkte ich, dass den beiden das Wasser nur so

Viel Spaß beim Baden am Weserstrand bei der Sielwall-Fähre

aus den Kleidern triefte. »Seid Ihr etwa in die Weser gefallen?« »Nein, wir haben gebadet«, antworteten sie mir allen Ernstes! Also, was zu viel ist, geht zu weit! Niemand weiß, wer zuerst auf diese idiotische Idee verfallen war, auf alle Fälle begannen die dicken »Bullerbüxen« und Strickjacken langsam steif zu frieren, also schnurstracks ins Warme. Die entgeisterten Mütter konnten sich vor Bestürzung und Erleichterung kaum retten. Heißes Bad und ab ins Bett hieß es nun. Eine hochnotpeinliche Befragung ergab, dass unser hoffnungsvoller Nachwuchs im zweiten Gebiet an einer Stelle, wo die Weser in einer kleinen Bucht eine sanft ansteigende Sandbank aufgeschwemmt hatte, aus »schier Schandudel« einfach Hand in Hand ins eiskalte Wasser spaziert war. Das kann man sich ja lebhaft vorstellen! Dazu kam noch, dass das Abenteuer ohne Erkältung endete, was ich als verhältnismäßig ungerecht empfand.

Ins »dritte Gebiet« zwischen schwarzem Berg und dem ersten Ruderverein begaben wir uns stets mit etwas Unbehagen, denn in dieser Gegend hatte das Gesindel aus der benachbarten Fuldastraße die Hoheit inne. Dort, unterhalb unseres üblichen Rodelhangs, stand ein ausladender Weidenbusch im flachen Uferbereich, in dessen dichter Krone man herumklettern und sich gemütlich einrichten konnte, ohne von außen entdeckt zu werden. Das ging auch so lange gut, wie »außen« bedeutete: vom Land. Im vorliegenden Fall hatten Ronald und ich einige Lebensmittelvorräte mit in unser Versteck genommen und beabsichtigten, uns für – sagen wir mal – zwei Stunden von der Flut auf dem Baum einschließen zu lassen. Das war ein erhebendes Gefühl: wir konnten nicht raus und keiner konnte rein, dazu kam noch, dass niemand von unserem Versteck Kenntnis hatte. Gerade im Höhepunkt der Flut, die ausgerechnet diesmal besonders weit auflief, und als uns das Abenteuer nach anderthalb Stunden langsam langweilig wurde – Hintern und Knie schmerzten – tauchte auf dem Fluss ein Patrouillenboot der Wasserschutzpolizei auf. Von Seeseite erwies sich unser Unterschlupf als Falle, diese Blickrichtung hatten wir nicht bedacht, jedenfalls nicht aus solcher Nähe; der Osterdeich lag schließlich 300 Meter gegenüber. Kurz gesagt, man entdeckte uns und das Boot drehte bei. »Hallo Kinder, habt man keine Angst, wir helfen euch gleich, das ist doch gefährlich, passt ja auf, dass ihr nicht abrutscht ...« und so weiter. Wir setzten eine gelassene Miene auf, die Bullen sollten uns mit ihrer Hilfsbereitschaft bloß verschonen, wir waren absichtlich hier. »Das kann ja wohl nicht angehen, wir schnappen euch gleich.« Das mit dem Schnappen wurde dann nichts, weil der Tiefgang des Schiffes zu unserem Vergnügen keine weitere Annäherung zuließ, aber wir sollten mal unsere Namen nennen. Dieses Ansinnen fanden wir nun höchst lächerlich. Wir sahen uns gezwungen, es abzulehnen und streckten den Beamten die Zungen raus. Als Konsequenz wurde auf dem Boot telefoniert. Kein gutes Zeichen, denn ein Polizeiauto konnte unverzüglich zur Stelle sein. Da kriegten wir es mit der Angst zu tun und wohl oder übel blieb uns nichts anderes übrig, als ins bauchnabeltiefe Wasser zu springen und den Rückzug anzutreten. Zwar suchten wir danach unseren bewährtesten Schlupfwinkel auf, doch ich glaube, es hat sich aus naheliegenden Gründen wohl erst gar kein Polizeiwagen auf die Verfolgung gemacht. Trotzdem waren wir heilfroh, ohne weitere Unannehmlichkeiten aus der Sache raus gekommen zu sein, und unsere Schuhe und Hosen trockneten bis zum Abend auch wieder.

»Woll'n wir Angler ärgern?« war kein Spiel sondern bitterer Lebensernst, auf den wir uns wiederholt einließen. Am Ufer der Weser postierten sich fortwährend einige Petrijünger, die Ihre Rute über das trübe Wasser ausstreckten und gewissermaßen war es auch ganz spannend mit zu erleben, wenn »einer angebissen« hatte. Meistens dauerte das aber viel zu lange und wir verlegten uns auf eigene Aktivitäten. Entweder von der Brücke oder aus einem dichten Gebüsch heraus, jedenfalls aus sicherer Entfernung, warfen wir kleine Steinchen in Richtung der sanft tanzenden Pose. Die Angler kriegten bald spitz, was los war und schimpften erst mal. Wir machten dann Faxen, und angesichts dieser Frechheit rannten sie vergrellt hinter uns her. »Halt doch die Fresse« ist schließlich keine nette Aufforderung.

Genau genommen hat es ja gar keinen Sinn, sich darüber zu freuen, dass sich andere Leute ärgern, was also sollten die ganzen Streiche, die wie uns leisteten? Ich glaube, das liegt daran, dass man stolz ist, einen geplanten Coup erfolgreich zur Ausführung gebracht zu haben. Nun ist das ja keine besonders ausgefallene Idee, Steine ins Wasser zu schmeißen, um ältere Männer, die in Ruhe Fische fangen wollen, daran zu hindern. Der eigentliche Witz bei der Sache bestand darin, eine geschickte Fluchtroute einzuschlagen, so dass der oder die Verfolger uns nicht erwischten. Diese sonst recht friedlichen Herren konnten, wenn sie erst einmal ordentlich in Brass gekommen waren, sehr hartnäckig sein und ließen sich auch angesichts unserer zweifelsohne flinkeren Beinarbeit nicht so einfach abschütteln, obwohl sie mit der Zeit schrecklich aus der Puste gerieten. Offensichtlich übertrug sich ihre Geduld beim Angeln auf die Jagd auf flegelhafte Rotznasen. Einmal hetzte uns ein zorniges Exemplar rund ums Werderviertel und wir konnten ihn einfach nicht loswerden. Er kam zwar nie in bedrohliche Reichweite, doch wir hatten den ganzen Vormittag keine Ruhe und mussten alle, in langer Lebenserfahrung eingeübten, Finten zum Einsatz bringen, damit man nicht beobachtete, in welchem Haus wir schließlich zum Mittagessen verschwanden.

Einzig der olle *Nienstedt* wurde verschont, ein alter Knacker, der womöglich heute noch oder wohl ewig lebt, und der sich mit seiner freundlichen großväterlichen Art unseren Respekt erworben hatte.

Zur Schule

Unweigerlich kam der Tag, an dem ich mich mit der Realität anfreunden musste, zur Schule zu gehen. Ich hatte keinen Bammel davor sondern eher positive Erwartungen, welche letztendlich auch nicht vollkommen enttäuscht wurden, doch am ersten Tag schon mal einen wirksamen Dämpfer bekamen. Die in Frage kommenden Kinder mussten vor ihrer Einschulung zunächst einmal einen Eignungstest absolvieren, der an einem einzigen Vormittag verschiedene Grundfertigkeiten abprüfte. Ich weiß von alledem so gut wie nichts mehr, ich hatte Herzklopfen, vielleicht mussten wir singen und höchstwahrscheinlich beten, denn es hatte mich an die katholische St.-Johannis-Schule verschlagen. An eine bestimmte Aufgabenstellung erinnere ich mich noch, bei der ich nicht so recht einschätzen konnte, welchen Sinn sie eigentlich hatte: Wir sollten ein an der Tafel vorgegebenes Bild abmalen, das einen Lastwagen zeigte, welcher sechs rote Blechtonnen geladen hatte, zuunterst drei, darüber zwei und obenauf eine. Keine Ahnung warum, jedenfalls schien es mir einfacher, statt mit sechs kleinen Tonnen den Laster mit einer großen Tonne zu beladen, und auf diese Art und Weise entledigte ich mich dieser Aufgabe recht pfiffig, wie ich fand. Die höfliche Lehrerin wies mich auf den Fehler hin, hörte sich aber auch meine Begründung an, und ich wusste nicht so recht, ob diese Besprechung nun ein gutes oder ein schlechtes Zeichen war. Wie dem auch sei, ich war in der ersten Klasse angekommen. Im Übrigen kann man ja problemlos nachrechnen, dass nicht nur die Zeichnung Zeit sparte, sondern auch, dass eine große Tonne viel weniger Blech bei gleichem Inhalt benötigt. Dass ich meine Schuhe noch gar nicht selber zubinden konnte, hatte zu diesem Zeitpunkt keiner gemerkt.

Meine Lehrerin Fräulein *Dierschka* liebte ich über alles und so tat ich ihr und auch mir den Gefallen, den ganzen Kram, der mir angeboten wurde, aufmerksam und mühelos zu lernen. Mein

Vater und meine Mutter unterstützten mich, je nach dem, ob Nachsicht oder Strenge vonnöten war, beim Griffelkritzeln auf der Schiefertafel oder Auswendiglernen von Gedichten.

Mit der Schule hatte ich also gar keine Schwierigkeiten. Die ernstlich wichtigen Dinge spielten sich nämlich ohnehin auf dem Schulweg ab. Da tat sich zum Beispiel des Öfteren das Problem auf wohin mit dem nicht aufgegessenen Frühstücksbrot, belegt mit der selbstgemachten, langweiligen, grauen Leber- oder Mettwurst? Außerdem konnte ich während der für dessen Verzehr eigentlich vorgesehenen Pausen wahrhaftig keine Minute mit Kauen vergeuden, sonst hätte ich mich beim Herumtoben dauernd verschluckt. Nachdem mich einmal eine Lehrerin peinlicherweise dabei erwischt hatte, wie ich mein Essenspaket in einem Mülleimer verschwinden ließ, kam diese Lösung nicht mehr Frage. Weil ich vermeiden wollte, zu Abend ein knüppelhartes, trockenes Leberwurstbrot, ein so genanntes »Hasenbrot« zu knabbern, schlug ich zwei Fliegen mit einer Klappe: Das Brot kam den Möwen zugute. Zumindest im Winter umschwärmten diese eleganten Vögel zuhauf die Weserbrücke, und wir hatten unseren Spaß daran, zu beobachten, wie sie im Flug die kühnsten Kapriolen schlugen und die Brocken im Sturzflug erhaschten, bevor sie die Wasseroberfläche erreichten. Mittlerweile schienen sie uns schon zu kennen: Kaum tauchten wir auf, gab's ein heftiges Gekreische und Gezanke in der Luft.

Auf unserem Schulweg mussten wir gehörig darauf Acht geben, bloß nicht zu spät beim Unterricht beziehungsweise Mittagessen aufzukreuzen. Das erstere ist nie, das zweite dafür umso häufiger und in erheblichem Maße vorgekommen. Zu dieser Zeit wurde die neue Weserbrücke gebaut und wir waren gezwungen, einen Umweg durch die Böttcherstraße einzuschlagen. Abgesehen davon, dass der Weg länger war, boten sich etliche Spielmöglichkeiten. So ließen wir etwa unermüdlich Strohhalme – aus Stroh! – im Wassergraben der Baustelle um die Wette schwimmen. Das Glockenspiel am Haus *Atlantis* faszinierte ebenso wie die lehmbesudelte Töpferscheibe im Kunsthandwerksgeschäft, und wenn bei der Baustelle der neuen Weserbrücke eine stählerne Spundwand in den Boden gerammt wurde oder ein Taucher unter Wasser schweißte, war das ja wohl eine gerechtfertigte Entschuldigung.

Die neue Brücke war noch längst nicht fertig, da hatte sie schon ein Geländer. Zwar war das Betreten noch streng verboten, doch wir ließen es uns nicht nehmen, das Bauwerk einzuweihen. Es war ein klirrend kalter Tag und auf dem funkelnagelneuen Stahl hatte sich eine dicke Raureifschicht gebildet. Beim Versuch, diese Eiskristalle abzulecken, fror meine Zunge im Null-Komma-nichts am Geländer fest. In dieser peinlichen Situation hieß es fix zu reagieren, und bei dieser Gelegenheit kam mir die oberste Hautschicht meiner Zungenspitze abhanden.

An einem Morgen erschien ich um ein Haar zu spät zum Unterricht, dabei lohnte sich die Sache blöderweise nicht einmal. Kurz vor der St.-Johannis-Kirche, hinter der unsere Schule lag, hatte sich im Zuge irgendwelcher Bauarbeiten eine attraktive Ruinengrube aufgetan. Leichtfüßig sprangen wir hinein, um eben mal zu untersuchen, ob wohl die eine oder andere Sache zu finden wäre. Da kam

Der Weg zur Schule: v.r.n.l.: Bernhard, Thomas und Norbert

doch so eine alte verständnislose Tante und meinte, wir sollten »da mal schleunigst wieder raus kommen«. Ich empfahl der »ollen Ziege«, die Klappe zu halten und sich um ihren eigenen Kram zu kümmern, was sie denn auch tat. Kurz nach Beginn der ersten Stunde forderte mich meine Lieblingslehrerin auf, in die Klasse soundso zu gehen und mich zu entschuldigen. Mit einem mulmigen Gefühl in der Magengegend klopfte ich an die Tür, welche dann auch von einer mir wohlbekannten Dame geöffnet wurde. Wenn ich daran denke, mag ich gar nicht daran denken.

Mein Bruder Martin besuchte dieselbe Schule, hatte jedoch mit seiner Lehrerin, Fräulein *Uphaus,* nicht so ein Glück. Diese alte Schachtel bekamen wir eines Tages zur Vertretung. Als Erstes schmierte sie sich am Türgriff die ganze Hand voll Tinte, das ist ja kein neuer Streich. Aber ein Mitschüler besaß damals schon einen Patronenfüller und eine solche Patrone sorgte dafür, dass aus dem Wasserhahn, unter dem die arme Frau ihre Hand waschen wollte, lauter Tinte hervorsprudelte, so dass sie sich schließlich über zwei gänzlich blaue Hände ärgerte.

Wohlgemerkt, es war eine katholische Schule mit der dominierenden Kirche gleich nebenan. Jahrelang vergeudeten wir unsere besten Sonntagsstunden bei langweiligen Zeremonien und nichtssagenden Predigten, im Sommer häufig schon um sechs Uhr, damit wir die Sache hinter uns hatten. Sobald wir das Alter erreicht hatten, um allein zum Gottesdienst zu pilgern, waren wir auch erwachsen genug, diesen zu schwänzen und uns statt dessen ins Übersee-Museum zu begeben, wo Kinder sonntags freien Eintritt genossen. Im Keller, wo sich auch ein Aquarium befand tobte damals noch eine Horde Meerkatzen hinter Glasscheiben herum.

Nach der vierten Klasse kam ich dann ins Gymnasium. Mein Latein-Lehrer meinte eines Tages – warum auch immer – behaupten zu müssen, eine gute deutsche Hausfrau habe es nicht nötig, *Fondor* oder *Maggi* zu benutzen. Das nahm ich ihm übel, obwohl ich diesen kleinen Mann, der später seine eigene Schülerin geheiratet hat, wohlwollend respektierte. Aber auf *Fondor* und meine Mutter ließ ich nichts kommen.

Blick auf die noch intakten Domtürme

Sachen finden

Es kam kaum einmal vor, dass meine Mutter vergaß, uns Verhaltensmaßregeln mit auf den Weg zu geben, wenn wir »auf die Straße« gingen. So zum Beispiel die Mahnung, uns nicht über die Grenzen unseres Viertels hinaus zu wagen. Diese Demarkationslinien waren unserer Meinung nach viel zu eng gezogen und im Zweifelsfall keineswegs eindeutig definiert. Der *Teerhof* zählte zu den kategorischen Sperrgebieten, ohne plausible Begründung, wie bei den Erwachsenen so üblich. Wenn Mutti nun ausgerechnet an diesem Tag ausdrücklich nichts Diesbezügliches erwähnt hatte, wird das wohl seinen guten Grund gehabt haben. Wir nahmen die Einladung an, also ab durch die Mitte. Jene Halbinsel war bis auf die *Weserburg* und das *Frese-Haus* noch völliges Ruinengebiet und man traf dort keinen Menschen, jedoch allerhand unerforschte

Der Teerhof mit Frese-Haus und Dressler-Brauerei hinten

Auch auf Friedhöfen ließen sich in den Trümmern vielerlei Dinge entdecken

Gemäuer. Sonderbar, dass sich nicht sämtliche Kinder der Umgebung hier einfanden; aber die hatten wohl andere Interessen oder waren gehorsamer. Zudem war die Luft in dieser Gegend ständig von allerlei Wohlgerüchen erfüllt: Wenn es nicht nach Kaffee (Jakobs) oder Malz (Haake Beck) roch, dann wehten Wolken von Schokolade (Hachez) oder Tabak (Brinkmann) von der Neustadt herüber.

Dieses Gebiet bot sich unschlagbar für unser liebstes Spiel »Sachen finden« an. »Sachen finden« war immer richtig, wenn nicht so recht was Besonderes anlag, hier aber mussten wir die seltene Gelegenheit umgehend nutzen. Am heutigen Tag fiel uns ein ganzer Zehn-Liter-Eimer voll gelben Bohnerwachses in die Hände. Solche fettige Paste verwendeten unsere Mütter, um die Holzdielen in den Wohnungen zu imprägnieren, wozu ihnen außerdem ein so genannter Bohnerklotz diente, mit dem der Fußboden anschließend poliert wurde. Solange wir klein genug waren, ließen wir uns auf diesem Klotz hockend durch die Zimmer kutschieren. Zunächst hofften wir, meiner Mutter eine Freude zu bereiten, indem wir ihr unseren Schatz überreichten, so dass der Kauf dieses Zeugs, was normalerweise in Zweihundert-Gramm-Tuben erfolgte, auf Jahre hinaus überflüssig geworden wäre. Nichts da! Ich kann es nur der Wirtschaftswunder-Mentalität meiner Mama oder einem übertriebenen Unrechtsbewusstsein zuschreiben, dass sie unser Angebot ablehnte und uns aufforderte, den Eimer da hin zurück zu bringen, wo wir ihn gefunden hatten. Das kam natürlich nicht in Frage. Wir fanden, ein wenig Bohnerwachs auf Türgriffen und Fahrradsätteln machte sich gut, und so ergaben sich noch etliche neuartige Anwendungsbereiche für diese geschmeidige Materie. Mittlerweile hatte auch unsere Kleidung ihr Fett weg gekriegt, aber so fleißig wir auch das gesamte Werderviertel einschmierten, der Eimer wollte einfach nicht deutlich leerer werden. Zu guter Letzt warfen wir den Eimer wieder in die Ruine, in der wir ihn gefunden hatten und am nächsten Tag war er weg.

Heutzutage kann sich kein Kind mehr die Begeisterung vorstellen, die sich beim Finden von unerwarteten Sachen einstellte. In der Nachkriegszeit lagen die tollsten mehr oder weniger als unbrauchbar abgestempelten oder schlicht verloren gegangenen Dinge einfach in der Gegend herum. Nicht wie heutzutage, wo es sich ausschließlich um mehrfach aussortierte Teile handelt, sondern wertvolle Objekte, von denen eine unwiderstehliche Anziehungskraft ausging. Einen magischen Zauber übten auch die sich im Rohbau befindlichen Neubauten auf unseren Entdeckergeist aus. So ein Bauzaun stellte sowieso kein unüberwindliches Hindernis dar, höchstens das gelbe Schild »Eltern haften für ihre Kinder«, weil ich dachte, sollten wir erwischt werden, würden meine Eltern in Haft genommen. Das änderte jedoch nichts daran, dass so eine interessante Baustelle ab und zu in Augenschein genommen werden musste. Die Treppen waren schon fertig gegossen, mit grob zusammengezimmerten Geländern dran. Hier konnte man die auserlesensten Sachen aufstöbern, dennoch wäre es uns nie eingefallen etwas mitgehen zu lassen, so verlockend das auch war. Der unzulässige Aufenthalt sowie das Hantieren mit allen

Spielen im Garten; im Hintergrund der Entenstall

möglichen abenteuerlichen Utensilien genügte uns bereits. Besagte Geländer, besser gesagt das Überklettern des Zauns hatten meistens einige Holzsplitter im Finger oder an der Kniekehle zur Folge. Die prökelte meine Mutter dann mit einer Nähnadel wieder raus.

Eine totsichere Gelegenheit etwas Brauchbares zu erhaschen eröffnete sich an jedem Neujahrsmorgen. Dann lagen alle diejenigen, die die richtigen Feuerwerkskörper aus Altersgründen bereits abbrennen und mit Alkohol feiern durften, aus eben diesen Gründen noch stundenlang »in Sauer«. Wir waren gänzlich ohne Aufsicht und kämmten das ganze Viertel nach Blindgängern durch. Ich muss sagen, dass uns hier mal wieder der Frühaufstehergeist unserer Familie zustatten kam, so dass wir – allein auf weiter Flur – die Böller einsammeln konnten. Ohne Zweifel nützt es gar nichts, diese Dinger nur zu besitzen, man muss auch etwas damit anfangen. Die meisten Knallkörper wurden ihrer natürlichen Bestimmung zugeführt, aber für einige besonders kräftige Exemplare dachten wir uns immer etwas Ungwöhnliches aus. Zum Beispiel war es spannend zu erforschen, wie hoch wohl eine leere Konservendose fliegen würde, wenn in ihrem nach unten offenem Inneren ein Chinaböller gezündet wird. Ich kann nur berichten: Ziemlich hoch, andererseits leider selten senkrecht, was zwischen zwei Häuserfronten zu Komplikationen führen konnte. Bis es die betroffenen und eventuell geweckten Nachbarn geschafft hatten, ihre entrüsteten Gesichter zum von unserem Blechkörper angeschossenen Fenster rauszustrecken, waren wir längst über alle Berge. Ein zwei bis drei Jahre älterer Kamerad meinte, der richtige Knall werde erst durch die dicke Papierhülle der Schwarzpulvermischung erzielt. Da wollte ich mich selbstverständlich nicht lumpen lassen, besorgte aus der Drogerie Salpeter und Schwefel – angeblich für meinen Chemiebaukasten – , zerrieb einige Holzkohlebrocken aus dem Gartenschuppen und mischte das Zeug im vorgeschriebenen Verhältnis. Für eine möglichst massive Hülle hatte ich ein gefundenes, metallenes Luftpumpenrohr vorgesehen, das ich nach der Befüllung sorgfältig mit einer Zange zudrehte. Nach der erfolgten Zündung erfolgte leider keine Explosion, sondern das Schwarzpulver brannte halbwegs kontrolliert ab und brachte die eiserne Hülle bloß zum Zerschmelzen; sehr zu meiner Enttäuschung, aber wahrscheinlich auch zu meiner Lebensrettung.

Sachen klauen

Im Vergleich zur heutigen Zeit herrschte unter uns Jugendlichen noch ein ausgeprägtes Unrechtsbewusstsein vor. Dessen ungeachtet hatte sich aus der unmittelbaren Nachkriegszeit wohl noch ein gesundes Gefühl für die Rechtmäßigkeit der Eigentumsübernahme dringend benötigter Dinge erhalten. Um ehrlich zu sein, entbehrten wir, nüchtern betrachtet, ganz gewiss gar nichts, was als lebensnotwendig zu bezeichnen gewesen wäre, höchstens Zitronensprudel. Dieses Genussmittel wurde in unserem Haushalt durch selbstgemachten Erdbeer-Saft oder Rhabarber-Most ersetzt, was wir auf die Dauer gar nicht so super fanden.

Es war durchaus so, dass der eine oder andere kleine Raubzug ein gewisses Abenteuer bescherte. Das konnte man nicht wirklich als Diebstahl bezeichnen, deswegen schreibe ich »klauen«. »Woll'n wir Äpfel klauen?«, deutet schon darauf hin, dass es uns nicht in erster Linie auf die genannten Früchte ankam. Dabei ging der meiste Reiz von Schneidermeister *Wieses* grünen Frühäpfeln aus, welche zudem, besonders kurz vor der Reife, richtig köstlich schmeckten. Wieses Garten wurde von einem anderthalb Meter hohen Zaun geschützt, der auf einem Betonsockel von einem halben Meter Höhe stand. Er grenzte an ein dichtes Gebüsch der öffentlichen Grünanlagen. In dieser Deckung schlich ich mich unterhalb der Sockelhöhe an, da ich mich nicht damit zufrieden gab, nur Äpfel zu stibitzen, es musste genau dann geschehen, wenn Meister Wiese sich in seinem Garten aufhielt. Nachdem ich glücklich platt auf dem Bauch kriechend hinter dem Sockel angelangt war, kam es darauf an, im geeigneten Moment behände aufzuspringen, den Zaun zu erklimmen, einen Apfel zu pflücken – möglichst gleich zwei – und wieder runter zu steigen, und zwar geräuschlos. Nun war es soweit, es galt im Hochgefühl des Erfolges nicht unvorsichtig zu werden, sondern mit der gleichen Sorgfalt den Rückzug anzutreten.

Familie *Reichs* Garten hingegen wurde von einer uralten drei Meter hohen Mauer umfasst, die obenauf – als besondere Spezialität für unsereinen – mit einzementierten Glassplittern bewehrt war. Dort gab es jede Menge Birnen, die schmeckten kein bisschen lecker und waren außerdem entschieden zu hart. Trotz allem faszinierte uns dieser dunkle, etwas geheimnisvolle Garten, den man nur per Räuberleiter erklimmen konnte, wobei auf der Mauerkrone äußerste Behutsamkeit geboten war. Die erbeuteten kleinen Birnen verwendeten wir hauptsächlich, um vorüber gehende Anwohner derart zu bewerfen, dass diese denken mussten, ihnen sei eine Birne ganz zufällig aus dem Baum auf den Kopf gefallen. Dabei war darauf zu achten, weder vom Gehweg noch aus dem zugehörigen Wohnhaus heraus entdeckt zu werden.

Manchmal machten wir uns mit dem Fahrrad auf Raubzug durch die Parzellen. Dann plünderten wir aus den gepflegten Kleingärten alles, was man übrigens auch auf dem Markt kaufen konnte, mit dem Erfolg, zum Abendbrot vollkommen satt zu sein. Da stand beispielsweise in einem Garten ein Baum mit den größten Haselnüssen der Welt. Woanders zupften wir eines Tages grüne Bohnen vom Spalier und aßen diese roh, um dann später zu erfahren, dass dieses Gemüse ungekocht sogar giftig ist. Die Mahlzeit hatte uns weiter nicht geschadet, ganz im Gegensatz zu einer Portion roher Holunderbeeren, welche eine tiefviolett eingefärbte Kloschüssel zur Folge hatte. Für eine besonders gute Idee hielt ich es einmal, meiner Mutter von einem unserer Plünderungszüge einen riesigen Dahlienstrauß direkt aus diesen paradiesischen Gefilden zu überreichen. Misstrauisch stellte sie die bunte Pracht in eine Vase, mochte das Geschenk nicht ablehnen, sich aber auch nicht richtig darüber freuen. Dennoch war es unmöglich, die Blumen wieder zurück zu bringen.

Mitten zwischen Werrastraße und Garten war ein Tennisverein gelegen, wo ich häufig zuguckte, wie die damals obligatorisch weiß gekleideten Herrschaften beiderlei Geschlechts ihre Leibesübungen veranstalteten. Die Plätze wurden zwecks Zurückhaltens missratener Bälle von einem verhältnismäßig hohen Zaun umgeben, was nicht verhinderte, dass ab und zu einer dieser damals ebenfalls ausschließlich weißen Filzkugeln im für uns zugänglichen Außenbereich landete. Dann half ich bereitwillig suchen, zwischen Brennnesseln und Brombeeren, und wenn der Ball trotz intensiver Bemühungen unauffindbar blieb, lag das daran, dass er sich bereits seit geraumer Zeit in meiner Hosentasche befand.

Das Nonplusultra der sich entwickelnden Männlichkeit ist angeblich eine lässig im Mundwinkel hängende und auch noch qualmende Zigarette. Mein Vater war Kettenraucher, meine Mutter paffte auch schon mal so einen Glimmstängel, wobei sie fortwährend zu hören bekam, das sei eine Zieh-garette, keine Pusta-rette. Jedenfalls blieb es nicht aus, dass auch ich meine Erfahrungen mit diesem Phänomen machte, zum Glück mit anderen Konsequenzen als bei den meisten meiner Altersgenossen. Eine Schachtel kostete eine Mark, was mir viel zu teuer war, als dass ich mein Taschengeld dafür hergeben wollte. Wir machten das daher folgendermaßen: Ein paar Jungens schmissen einige Groschen zusammen, wechselten diese bei Frau *Weigelt* in eine Mark-Münze und dann ging's zum Automaten vor der Kneipe von *Otto Gerken*.

Frau Weigelt war eine nette ältere Dame, die ein exquisites Süßwarengeschäft um die Ecke betrieb. Jener Laden wurde in späterer Zeit von einer unermesslich dicken Frau übernommen, welche ein »Goggomobil« fuhr, ein klitzekleines Auto, kaum größer als ein Kinderwagen. Der Wagen wog mit Fahrerin doppelt so viel wie ohne, glich in Form, Größe und Farbe einem Frosch, und stand seltsamerweise morgens öfter mal ganz woanders als sie ihn abends geparkt hatte; acht kräftige Arme genügten.

Am Zigarettenautomaten machten wir uns derart zu schaffen, dass nach dem Einwurf des Geldstücks eine Schublade mit einer Schachtel heraus gezogen wurde, und zwar gezielt eine Sorte mit weicher Packung: »Aus gutem Grund ist Juno rund« und »Wer wird denn gleich in die Luft gehen, greife lieber zur HB«, hieß es. Sobald diese Schublade erst einmal geöffnet war, konnte man mit einigem Geschick von unten die nächste Packung heraus bugsieren und so weiter. Unsere Beute versteckten wir zwischen den Steinstapeln auf dem erwähnten, nahe gelegenen Steinplatz. Leider folgte die unerlässliche Notwendigkeit, die Tabakröhrchen auch zu rauchen. Davon habe ich aber nach wenigen Anläufen bis heute gänzlich die Finger gelassen.

Der einzige Diebstahl, den ich mir zu Schulden kommen ließ, war der eines »Superballs.« Diese neuartigen Flummis kosteten damals fünf Mark, während für ein Brötchen nur zehn Pfennige zu bezahlen waren. Ladendiebstahl war zu der Zeit noch nicht verbreitet, deshalb schöpften die Verkäuferinnen in der Spielwarenabteilung von Karstadt auch keinen Verdacht. Nach einiger Begutachtungszeit fielen mir zwei Bälle auf den Boden, rollten unter den Tischen umher und »leider« konnte ich nur einen wiederfinden und zurücklegen. Blut und Wasser schwitzend, wurde ich aber, oh Wunder, nicht erwischt. Anschließend beschloss ich, so etwas besser nicht wieder zu riskieren.

Im ersten Gebiet

Die Gegend an der großen Weser wurde eingeteilt in das erste, zweite und dritte »Gebiet«. Das erste Gebiet lag zwischen Weserbrücke und dem Gelände der *Gesellschaft zur Rettung Schiffbrüchiger*. Hier auf der weserzugewandten Seite der Werderstraße gab es zu allererst auch noch ein paar Ruinen; wobei nur die Keller noch als solche zu erkennen waren. In einem dieser düsteren Kellerlöcher hatte sich ein Schuhmacher notdürftig eingerichtet, dessen Reparaturkünste wir häufig in Anspruch nahmen, wie das damals noch üblich war. Der Schuster war offenbar ein Liebhaber

In Ausgehkluft auf dreckigem Bulldozer in Lankenau, ggüber: AG-Weser

Blick auf Ruinenfeld mit Dom im Hintergrund

weißer Haustiere, denn er hielt sich Gänse und Ziegen. Vor den Gänsen hatte meine Mutter eine Heidenangst, nachdem sie einmal von der Federvieh-Horde überfallen worden war. Angeblich, um sie mit Haut und Haar aufzufressen. Ein blauer Fleck an ihrer Wade war alles, was den Vorfall bezeugen konnte und das Ende vom Lied war, dass zukünftig sämtliche Botengänge zum Schuster von uns zu erledigen waren. Die Ziegen liefen im Gegensatz zu den Gänsen nicht frei herum sondern fristeten im Kellerverließ ihr – aus unserer Sicht – langweiliges Dasein. Um deren und unsere Langeweile etwas zu mindern, bewarfen wir die armen Tiere bisweilen von oben – das heißt von ebener Erde aus – mit nicht zu kleinen Steinen. Nicht dass wir ihnen ernsthafte Schmerzen zufügen wollten. Ziel der Sache war, die zumeist träge da liegenden Ziegen ab und zu auch mal in Bewegung zu versetzen, was ihrer Gesundheit sicherlich zum Vorteil gereichte, und für uns war es natürlich auch viel aufregender, so seltenes Wild in Bewegung zu erleben.

Die ganze obere Uferböschung zur Straße hin wurde hier aus Kriegs-Schutt aufgeworfen und es handelte sich beileibe nicht nur um zertrümmerte Ziegelsteine. Zersplitterte Glasscheiben, verbogene Eisenstangen, geborstene Holzbalken, eben alles, was einmal ein Haus gewesen war, bildete hier unsere Spielwiese. Darin herum zu stapfen war nicht ganz ungefährlich, man konnte sich leicht den Fuß verknacksen oder – was viel schlimmer war – die Schuhe zerkratzen. Meinen Schulfreund Wolfgang erwischte es aber einigermaßen heftig: Beim Abstieg in der lockeren Böschung rutschte er aus und eine abgebrochene, senkrecht aus dem Boden ragende Holzlatte bohrte sich in seine Wade. Sie riss ein fingerhutgroßes Stück Fleisch aus seinem Unterschenkel. Dieser Junge war schon eine besondere »Marke«: Wenn er um sechs Uhr zuhause sein sollte, meinte er, es reiche, um viertel nach Sechs los zu gehen, und das immerhin nach Woltmershausen. Unbekümmert zog er seine Kniestrümpfe wieder hoch und weiter ging's. Für den hängen gebliebenen blutigen Fleischfetzen hatten wir weiter keine sinnvolle Verwendung.

Hier, wo die Werra- auf die Werderstraße trifft, existierte – wie noch heute – ein kleiner Hafen, in dem sich die Slip-Anlage für die Seenotrettungskreuzer befindet. Die Leute von der DGzRS hatten was dagegen, dass wir auf diesem verlockenden Steg herumspielten, man konnte nämlich vortrefflich ausrutschen und im Wasser landen, »wenn nicht sogar ertrinken«. Doch nirgendwo sonst hatten wir die Gelegenheit, sozusagen mitten in der Weser zu stehen. Noch besser war es, bis auf die äußerste Spitze der Mole, die den Hafen bildete, vorzudringen. Doch dort konnten wir von allen Seiten entdeckt werden, und so hatte einmal nicht viel gefehlt, und wir wären von der Wasserschutzpolizei direkt an Bord geholt worden. Die Gesellschaft führte für Schulklassen auf Anmeldung Filme vor, die Rettungsaktionen aus vergangenen Zeiten zeigten. Wir schmuggelten uns mitunter zwischen die Schüler und guckten uns diese spannenden Streifen zum so und so vielten Mal kostenlos an.

An manchen Tagen war auf der Weser richtig was los. Stunden konnten wir damit zubringen, die Geleitzüge der Bockschiffe, welche keinen eigenen Antrieb hatten sondern von kleinen aber kräftigen Schleppern gezogen werden mussten, zu bestaunen. Bis zu vier Kähne hingen durch Seile verbunden an einem Schleppdampfer, der seinem Namen mit schwarzem Qualm auch alle Ehre machte und die Schuten in quälender Langsamkeit flussaufwärts bugsierte. Wir kannten jeden Schlepper beim Namen: *Greif, Falke, Goliath* und ähnliche kraftstrotzende Titel prangten am Bug. So verwunderte es nicht, dass sich unsere Spiele ebenfalls auf die Seefahrt bezogen. Wir suchten uns schnittig aussehende Holzstücke und ließen diese vom auf- oder ablaufenden Wasser am Ufer entlangtreiben. Unsere kleinen Piratenschiffe suchten, mit Hilfe geeigneter Stöcke dirigiert, geheime Buchten zwischen dicken Steinen der Böschung auf, wurden aber auch schon mal auf Nimmerwiedersehen aufs offene Meer abgetrieben. Die Uferbefestigung bestand damals noch aus chaotisch aufgeschütteten unterschiedlich großen Steinbrocken – algenbewachsen und bei ablaufendem Wasser extrem glitschig, weil noch nass. Wenn man ausrutschte und hinfiel, tat das nicht nur übel weh, sondern das grüne Algenzeug auf den Hosen verursachte auch regelmäßige Scherereien mit der für deren Reinigung verantwortlichen Frau.

Eines Tages kam meinem Schiffchen direkt unter der Wasserlinie treibend ein riesiger Fisch in die Quere. Bei genauerem Hinsehen erwies er sich als ein Hecht, der mühsam nach Luft schnappte

– was ja genau genommen gar nicht stimmte – und offensichtlich mehr tot als lebendig war. Es war recht mühsam, die halbe Leiche an Land zu befördern, nicht wegen der eher schlappen Gegenwehr, aber das erhebliche Gewicht sowie die schleimige Haut machten uns zu schaffen. Nun mussten wir zur Tat schreiten, um die Sache zu Ende zu bringen, was mit meinem Fahrtenmesser ja kein Problem gewesen wäre. Aber dieses von Rechts wegen als Waffe zu bezeichnende Instrument durften wir zum Schutz der anderen Kinder nicht nur so zur Freizeitgestaltung mit »auf die Straße« nehmen. Was blieb uns anderes übrig, als mit einem wuchtigen Steinwurf das Leben der Kreatur zu beenden? Doch das war einfacher gesagt als getan, jedenfalls zappelte der Hecht nach etlichen Steinwürfen immer noch, bevor ich ihm mit einem Brocken, den ich kaum stemmen konnte, endgültig den monströsen Schädel zerschmetterte. So weit so gut, und was jetzt? Meine Mutter – das wussten wir aus einschlägigen Erfahrungen – würde den tollen Fang ablehnen, also fragten wir bei Frau *Hornschuh*, die hier im Viertel eine Bäckerei betrieb und deren Sohn an der Aktion beteiligt war, an, ob sie den leckeren Fisch verwerten könne. Das kam ja »überraschenderweise« überhaupt nicht in Frage, so dass wir zusehen mussten, die Leiche möglichst unauffällig los zu werden.

Zu dieser Zeit war die Weser in der Nähe der inzwischen neuen Brücke schon mit einer recht hohen Kaimauer befestigt, wobei an dieser Stelle noch zu erwähnen wäre, dass der Abriss der alten schmiedeeisernen Weserbrücke zu den traurigsten Kapiteln meines Lebens gehört. Um uns auf elegante Art und Weise des Kadavers zu entledigen und dabei noch unseren Spaß zu haben, entschieden wir, diesen aus der nicht unerheblichen Höhe auf die Steine unterhalb platschen zu lassen. Man konnte die Sache auch wissenschaftlich betrachten: Was passiert, wenn ein großer Fisch aus großer Höhe mit großer Wucht auf große Steine plumpst? Wie nicht anders zu erwarten, zerplatzte der Leib in einen ekligen Matsch, aber es wäre voreilig anzunehmen, damit sei der Fall ausgestanden. Indem wir das Ergebnis unserer Bemühungen noch eine Weile betrachteten, stieg von unten ein dermaßen impertinenter Gestank herauf, dass es uns große Überwindung kostete, dem auf den Grund zu gehen. Erstaunlich, wie viele lebende Maden in einem fast toten Fisch herumkriechen können. Wir machten uns schleunigst aus dem Staub – besser gesagt, aus dem Dunst. Über den bestialischen Gestank wunderten sich allerdings noch tagelang die Leute in der näheren Umgebung des Geschehens. Aber damit hatten wir ja gar nichts zu tun.

Direkt in dieser Gegend ragte ein rätselhaftes Abflussrohr aus Beton einige Meter oberhalb der Wasserlinie irgendwie unanständig mitten aus dem Deich heraus. Sein Durchmesser betrug etwa sechzig Zentimeter und es führte fast waagerecht ins Erdreich. Falls das Ding überhaupt einen Sinn haben sollte, stand ich vor der Frage, warum höchstens ab und zu mal ein kleines Rinnsal daraus plätscherte, so dass nur der Boden mit einer eklig schlüpfrigen Schicht bedeckt war. Auf allen Vieren konnte man wohl zehn Meter hinein krabbeln, dann machte das Rohr einen scharfen Knick nach rechts, wo man dann nicht mehr die Hand vor den Augen sehen konnte. Bei einem Räuber-und-Gendarm-Spiel hatten Ronald und ich uns bis hinter diesen Bogen zurück gezogen, wurden leider entdeckt und konnten nicht mehr fliehen. Zuversichtlich krochen wir weiter und weiter in das finstere Loch hinein. Ich wurde das Gefühl nicht los, dass wir gleich bei Frau Hornschuh aus der Toilette gucken würden, und die Verfolger gaben schließlich auf: Unentschieden.

Volltreffer

Nach mehrwöchigem Taschengeldsparen hatte ich mir das bereits erwähnte, so genannte Fahrtenmesser gekauft, und zwar so eins, das sich angeblich auch als Wurfmesser eignete, da es eine extra schwere Klinge besaß. Das hatte, wie jeder sich denken kann, keinerlei praktischen Nutzen, zumindest nicht für mich. Bei welchem Anlass muss schon ein minderjähriger Knabe mit einem Messer zielgerichtet um sich werfen? Außerdem war es trotz der Spezialklinge keineswegs leicht, aus einigen Metern Entfernung die Waffe mit der Spitze voran in einem Baumstamm zu versenken. Im wilden Westen, so hieß es, begann der Tag mit einer Schusswunde. So weit ließen wir es natürlich nicht kommen, doch auch bei einem beliebten Messerwerfspiel durfte man keine Angst haben: Es ging darum, das Messer aus Hüfthöhe mit ausreichender Wucht möglichst dicht am eigenen Fuß in die Erde zu schleudern, so dass es deutlich stecken blieb. Wer den geringsten Abstand zum eigenen Körperteil vorweisen konnte, war der Sieger. Ronald und ich hatten ein besonders großes Vertrauen zueinander, so dass wir dieses Spiel auch mit dem Fuß des Freundes wagen konnten.

Wenn wir im Parzellengebiet auf der Pirsch waren, hing mein Messer selbstverständlich immer am Gürtel und wurde auch gebraucht, zum Beispiel, um dicke Schilfstängel mit einem Hieb zu enthaupten. Bei so einer Gelegenheit traf ich auf ein am Weserufer angebrachtes Schild, das den Binnenschiffern verbot, hier zu ankern. Dieses riesige Plakat bestand aus einer dementsprechend bemalten Holzplatte und hing in drei bis vier Meter Höhe an einem Pfahl. Es müsste doch möglich sein, mit einem beherzten Wurf das schicke Messer in die Platte zu donnern. Das klappte natürlich nicht auf Anhieb, der vierte oder fünfte Wurf aber saß. Diese großartige Tat stellte sich postwendend als reichlich unklug heraus: Da steckte nun mein wundervolles Messer sozusagen mitten im Parkverbot dort oben in einer unerreichbaren Höhe und kam dieses Mal nicht wieder herunter. Eigenartigerweise hatte ich diese Konsequenz nicht bedacht. Ein wirkliches Problem ergab sich indes nicht. Ich besorgte mir einen geeigneten Stein aus der Böschung und nach ein paar Fehlwürfen und Halbtreffern gelang es mir, das Messer aus seiner Verankerung zu befreien. Beinahe hätte ich die Waffe noch mitten ins Gesicht gekriegt, als ich meinen Volltreffer bewunderte.

Von der Beschaffung meines ersten Flummis ist an anderer Stelle die Rede, jedenfalls galt diesem Wunderding eine Weile meine gesamte Aufmerksamkeit. Im Keller stellte ich mehrere Weltrekorde im Auf- und Abprallen zwischen Fußboden und Decke auf, bis sich unsere Untermieter ob des fortwährenden Bombardements von unten beschwerten. Eines Tages begleitete mich die Wunderkugel sogar zur Schule, auf deren geräumigem, gepflasterten Hof sich super Experimente anstellen ließen. Nach einem wuchtigen Wurf durchschlug die Gummibombe doch tatsächlich ein Fenster des Physik-Hörsaals. Unbegreiflicherweise kam das Ding unverzüglich durch dasselbe Fenster wieder heraus geflogen. Dieser sagenhafte Zufall brachte den Vorteil, meinen wertvollen Ball wieder in den Händen zu halten, doch den Nachteil, dass der Verursacher der Scherben sogleich identifiziert werden konnte. Die Lehrer brachten für das Kuriosum nicht das rechte Verständnis auf und verpassten mir eine Disziplinarstrafe.

Ein anderes Mal musste eine Glasscheibe auf dem Steinplatz dran glauben, als wir uns im Weitwerfen von Steinen erprobten und weiter kamen als wir es uns zugetraut hatten.

Beim Fußball spielten wir größtenteils mit beiden Mannschaften auf ein und dasselbe Tor, mit einem unparteiisch ausgewählten Torwart. Die vielen Garagentore in den Straßen boten sich von ihren Ausmaßen als Ziel geradezu an. Das verursachte bei jedem Treffer einen kolossalen Krach – ist ja logisch –, weshalb wir die Garagen in zyklischen Abständen wechselten, um es nicht vollends mit den Anwohnern zu verderben. Der grantige *Opa Barth* stellte sich unweigerlich beim kleinsten Geräusch furchtbar an und fuchtelte und drohte uns »Radaubrüdern« mit seinem

Krückstock. Wenn er mal nicht zu Hause war, lud uns seine gutmütige Frau hin und wieder zu einer Runde Kekse zu sich in die altmodische Stube ein. Wie nicht anders zu erwarten, landete auch schon mal ein Fußball an einem Fenster, aber nie so grandios wie damals, als sich eine Bogenlampe von oben direkt in das kleine, schräg geöffnete Oberlicht der *Oma Kumpfert* senkte. Und – das konnte ja wohl nicht wahr sein – direkt darunter befand sich die Badewanne besagter Oma. Und – kann man sich das vorstellen? Sie badete gerade in ihrer Badewanne. Sie war nicht schlecht erschrocken, als ihr ein von Glasscherben begleiteter Lederball geradewegs ins Badewasser platschte. So richtig böse wurde sie nicht und meine Eltern brachten auch den angemessenen Humor auf. Was die Versicherung zu dem Vorfall meinte, entzieht sich meiner Erinnerung.

»Woll'n wir Steine in die Weser werfen?« Jeder vernünftige Mensch fragt sich, was denn so ein Quatsch soll. Die Böschung bestand hier aus den Resten der im Krieg zerstörten Häuser, und man konnte vortrefflich mit Ziegelsteinbrocken jeder gewünschten Größe werfen, entweder wer am weitesten kam oder wer den kräftigsten Platscher produzierte. Weder war ein Schwund bei der Uferbefestigung zu beobachten, noch nahm die Wassertiefe signifikant ab. Deshalb vermochten wir einfach kein Verständnis für die über unsere Steinewerferei schimpfenden Erwachsenen aufzubringen. Beim Weitwerfen durfte der Stein aus naheliegenden Gründen nicht zu schwer, aber auch nicht zu leicht sein, weil man sonst keine Kraft hinter den Wurf setzen konnte. Wenn man also einen Brocken mit voller Wucht schleuderte, jedoch nicht bis über die halbe Weser kam, sondern nur den Hinterkopf meines Bruders traf, hatte das eine heftig blutende Platzwunde zur Folge. Zum Glück passierte solches Missgeschick nicht mir sondern seinem besten Freund Uwe.

Bei der täglichen Pirsch am Weserufer entlang fanden sich jederzeit etliche leere Flaschen. Viele davon dienten dann folgendem Spiel: Einer warf die zunächst leere Pulle in einem wohl kalkulierten Abstand ins Wasser, wo sie mit dem Flaschenhals schräg aufrecht schwimmend nach rechts und links und auf und ab dümpelte. Dann wurden abwechselnd Steine auf dieses Ziel geschmissen, um den Glaskörper unterhalb der Wasserlinie zu zerstören und auf diese Weise zu versenken. Das war dann der goldene Schuss. Meistens gingen die Würfe leidlich daneben, doch die erzeugten Wellen schwappten in die Flaschenöffnung, füllten die Flasche langsam, und nach und nach sank die Buddel kontinuierlich tiefer. Wer dann das Ding derart versenkte, kriegte immerhin noch einen Punkt. Manches Mal trug auch die Flasche den Sieg davon, entfernte sich im Laufe des Bombardements beständig weiter vom Ufer und entschwamm in die Nordsee.

Im Garten

Der eigentlich bedeutungsvollste Lebensraum unserer Jugend war »Der Garten«. Dabei handelte es sich um eine Parzelle auf dem Stadtwerder, einem ausgedehnten Gebiet zwischen der großen und kleinen Weser einschließlich des Werdersees, verkehrstechnisch praktisch eine Halbinsel. Besonders wichtig war – im Nachhinein betrachtet – die Zeit, in der wir zwei Gärten bewirtschafteten: einen, in dem meine Großeltern mütterlicherseits den ganzen Sommer sozusagen im Dauerurlaub verlebten und den meines Vaters. Dort fristete dessen Mutter vom Früh- bis zum Spätsommer ein – wie ich fand – kümmerliches Leben, baute aber jede Menge Obst und Gemüse an und hielt abwechselnd Hühner und Enten, welche Eier und Fleisch lieferten. Das ist dort heutzutage absolut verboten. Dieses Geflügel fütterte sie unter anderem mit Brennnesseln, die sie am Wegesrand sammelte und mit bloßen Händen haltend kleinschnippelte.

Auch im Rharbarber wurden Ostereier gesucht

Unter dem prägenden Einfluss meines Opas verbrachte ich die entscheidende Zeit meiner Kindheit. Die beiden Gärten lagen nur einen fünfminütigen Fußmarsch voneinander entfernt, so dass wir uns jeweils dort aufhielten, wo uns die Erwachsenen die bessere Laune anboten. Immer, wenn wir schulfrei oder Ferien hatten, fuhren wir mit dem Rad die zwei Kilometer zum Garten und übernachteten meistens auch dort.

Zum Wochenende begab sich dann unsere ganze Familie in einer eindrucksvollen, aus überladenen Fahrrädern bestehenden Karawane ins Paradies. Anfangs saß meine kleine Schwester Katharina noch im Kindersitz. Alles wurde mitgeschleppt, Klamotten, Spielzeug und insbesondere Lebensmittel. Sonnabends gab's den obligatorischen Eintopf, welcher in einer verbeulten Blech-Milchkanne klappernd am Lenker baumelte. Dazu kamen handwerklich benötigte Dinge und auch Haustiere. Martins Schildkröte war zwar leicht zu transportieren, jedoch vor der Heimreise zwischen all dem Grünzeug nicht so schnell wieder zu finden. Ich meinerseits besaß eine geraume Zeit lang einen Nymphensittich, der normalerweise in einer voluminösen Draht-Voliere im Wohnzimmer hing. Wenn ich nicht zweimal am Tag in die Werrastraße zum Füttern fahren wollte, musste ich das Ungetüm am ausgestreckten Arm einhändig fahrend zum Garten bringen, wo der durch die ungewohnt natürliche Umgebung sich närrisch benehmende Vogel in den Apfelbaum gehängt wurde. Sonntags Abend gab's dann immer Stress, weil auf den letzten Drücker noch etliche Blumensträuße geschnitten und hübsch gebunden werden mussten – insbesondere für unsere Lehrerinnen, was mir am Montag beim Überreichen jedes Mal außerordentlich peinlich, wenn es auch von ihnen gern gesehen war.

Der unumstrittene Mittelpunkt des Gartens war ein prachtvoller Apfelbaum, ein *Boskop*, dessen Früchte nicht zum direkten Verzehr taugten, höchstens für Apfelmus oder Kuchen. Er eignete sich allerdings hervorragend zum Darin-herum-Klettern, wenn man es denn erst einmal geschafft hatte, die unterste Astgabel zu erklimmen. Dieses blieb eine Weile nur mir vorbehalten, so dass mein kleiner Bruder sich einen minderwertigeren Baum aussuchen musste. Weil ich darin nicht mit Brettern und Nägeln ein Baumhaus errichten durfte, begnügte ich mich mit einem solchen ohne Wände. Jedoch nicht ohne Vorratskammer, einer Zigarrenkiste, die ich kunstvoll an der höchsten zu erreichenden Stelle befestigte und sogleich mit einer Packung Waffeln versah. Das erwies sich als glatte Verschwendung, denn am nächsten Morgen waren die Waffeln nicht nur durch die nächtliche Feuchtigkeit total wabbelig geworden, sondern es hatten sich auch hunderte von Ohrenkneifern über das Gebäck hergemacht, womit sich die Sache mit der Vorratskammer erledigt hatte.

Die alte Hängematte war das »Allzweck-Spielgerät«

Übrigens, was die Vorratshaltung in den Parzellen betraf, verfügten wir anfangs noch nicht über einen Kühlschrank; alle verderblichen Lebensmittel wurde in einer in den Boden eingelassenen gefliesten Kühlgrube aufbewahrt. Wenn jemand zu alt war, schaffte er es nicht mehr sich tief genug hinunter zu bücken, und war man zu klein, konnte es passieren, dass man kopfüber zwischen Schlagsahne und Mettwurst landete. Diesem Beispiel folgend, buddelten wir in unserer Sandkiste, die keinen festen Boden besaß, tiefe Löcher, um unsere selbstgebackenen Sandttorten und das leckere Sandeis aufzubewahren.

Auf dem Rasen standen in geeignetem Abstand zum besagten Boskop noch zwei Bäume, die dann zu dritt einen rechten Winkel bildeten. Zwischen diesen konnte man zwei grobe Hängematten, die ihren Weg irgendwie vom Ersten Weltkrieg in unseren Schuppen gefunden hatten, mit drei rostigen Karabinerhaken so aufspannen, dass beide am mittleren Stamm eingehängt wurden. Diese in der Mitte zusammentreffenden Hängematten verwandelten sich in unserem Spiel zu antiken Kriegsschiffen, die sich gegenseitig enterten. Das ging solange gut, bis einer von uns oder unseren Nachbarjungen dermaßen mit voller Wucht auf den Boden geknallt war und zu heulen begann, dass unsere Eltern die weitere Seeschlacht unterbanden.

An einen der Baumstämme spannten wir des Öfteren unsere aus einem stabilen Holzbock bestehende Kutsche, die auch zwei hinreichend große Blechdeckel als Räder besaß. Ein Kollege unseres Vaters hatte aus Pappe zwei lebensgroße Pferdeköpfe gebastelt und Peitschen – vom Freimarkt – waren ohnehin Bestandteile unserer Ausrüstung. Los ging die wilde, verwegene Jagd.

Zum Federballspielen mussten wir dummerweise auf den Hauptweg außerhalb des Gartens ausweichen, da die Äste keinen anständigen Ballflug zuließen und das baumfreie, also gemüsebewachsene Gelände tabu war. Ich indessen vertrat die Meinung, dass sich die Federballschläger viel besser dazu eigneten, kleine unreife Äpfel, die zu Beginn des Sommers massenweise herumlagen, mit hoher Geschwindigkeit durch die Gegend zu feuern. Gelegentlich ballerte ich einfach ziellos einen Apfel nach dem anderen erstaunlich weit in die benachbarten Parzellen, wobei es einmal passierte, dass zwei dieser Geschosse hintereinander drei Gärten weiter ein und dieselbe Regentonne – boing, boing – trafen. Nachdem jedoch mein armer Bruder versehentlich so ein Ding abgekriegt und eine halbe Stunde herumgejault hatte, war es mit diesem Spaß vorbei.

Genaugenommen waren die Apfelbäume ja dazu da, uns kostenfrei mit frischem Obst zu versorgen; wir hatten sogar einen, der drei verschiedene Sorten trug. Jedenfalls fand im Herbst Jahr für Jahr eine ganztägige Pflückaktion statt, bei der es mittags regelmäßig Eintopf aus der schon erwähnten Aluminiummilchkanne gab. Ich setzte meinen ganzen Ehrgeiz daran, jeden Apfel im Geäst frei kletternd zu ernten, zur Not auch mit Hilfe der Leiter. Manchmal konnte mein Vater genauso übermütig sein wie ich, und so erreichte ich eines Tages die letzten Früchte von der freistehenden Leiter, welche mein Vater für mich festhielt. Das durften wir meiner Mutter natürlich nicht erzählen. Etliche unserer Feldfrüchte wurden »eingeweckt«, so dass es das ganze Jahr über schwabbelige Mirabellen, Birnen und Erdbeeren oder sogar Bohnensuppe gab.

»Postkutschen-Überfall« – ein beliebtes Gartenspiel der Kinder

Rechts die Toilette, Links der Hühnerstall

Die ganze fünfköpfige Familie schlief auf dem zur Hälfte ausgebauten Dachboden, wo man sich nicht herumdrehen konnte, ohne den Nachbarn zu wecken, und sich nicht aufsetzen, ohne mit dem Kopf gegen die Dachsparren zu stoßen. Es gab da oben eine winzige Dachluke, durch die wir auf das Dach krabbeln konnten, was mal wieder verboten war – ich weiß nicht, ob aus Sorge um uns oder um die Dachpfannen. Wenn man das Dach entlanggelaufen war, konnte man in einem beherzten Satz auf den Hühnerstall hinunter springen, was wir schon gar nicht durften. Wir ließen es aber darauf ankommen; von dort besaß man nämlich einen ausgezeichneten und geheimen Ausguck auf den ganzen Garten, die abendliche Party der Eltern und die diebischen Ratten im Hühnergehege. Die einzige Schwierigkeit bei solchen Unternehmungen war, wieder zurück aufs Dach zu gelangen. Das kriegte man nur balancierend über die offenstehende Klotür hin. Wenn man aber erst runter klettern musste, um diese zu öffnen – denn sie besaß einen eisernen Riegel – war das Abenteuer nur halb so viel wert. Falls es mal unentwegt »pladderte«, zogen wir uns auf die andere beengten Dachhälfte zurück: Was gibt es Schöneres als eine düstere Kammer vollgestopft mit lauter »Schurrimurri?«

Bei Opa und Oma

Zu der Zeit, als ich noch keine sechs Jahre alt, also noch nicht schulpflichtig war, fand das meine Persönlichkeit prägende Leben hauptsächlich im Garten meiner Großeltern statt. Meine Mutter brachte mich dann häufig »nach draußen«. In diesen Parzellen durfte keiner seinen ersten Wohnsitz unterhalten, was de facto nicht ausschloss, dass viele Leute dort auf Dauer residierten. Es genügte, irgendwo eine amtliche Briefkastenwohnung anzumelden. Demzufolge verfügten zwar die meisten Häuschen über elektrisches Licht, hatten jedoch kein fließendes Trinkwasser, geschweige denn einen Abwasserkanal. Schon damals blieb uns nichts anderes übrig, als unsre Abwässer biologisch zu entsorgen. Was die Exkremente betraf, geschah das mithilfe eines Plumpsklos, bei dem nach jedem Geschäft eine Schaufel Torfmull hinterher gekippt werden musste. Wir kamen nicht umhin, den Inhalt des Eimers jeden Tag auf dem Komposthaufen auszuleeren, was wir kein bisschen eklig fanden, aber erwiesenermaßen den Ernteertrag der Gemüsebeete steigerte. Unser benötigtes Frischwasser mussten wir uns aus einem der über das ganze Gebiet verteilten Wasseranschlüsse besorgen, der in einem gemauerten Gehäuse untergebracht und nur mit einem offiziellen Schlüssel zugänglich war. Das war immer ein ganz schöner Weg, erst recht mit dem schweren Wassereimer zurück, wodurch die Flüssigkeit auch in unseren Breiten zu einer gewissen Kostbarkeit und weitestgehend durch Regenwasser ersetzt wurde. Infolgedessen gaben wir uns große Mühe, nichts von dem heiligen Nass überschwappen zu lassen, was uns durch ein auf der Oberfläche schwimmendes rundes Holzbrettchen weitestgehend gelang.

Das kostenlos gelieferte Regenwasser wurde, je nach Dachseite, in einer großen sowie in einer riesigen Regentonne vom Dach aufgefangen. Die riesige Tonne mit ihren dreitausend Litern bot sich natürlich als Spielstätte geradezu an, lag aber im permanenten Blickfeld von Oma und Opa und schied daher aus. Ganz im Gegensatz zu der an der hinteren Hausecke stehenden kleineren Tonne, an der wir ungestört hantieren konnten. Zu unseren beliebten Spielen gehörte das Wetttauchen. Damit waren nicht wir persönlich gemeint, denn dazu reichten die dreihundert Liter nicht aus. Wir ließen Flaschen tauchen, und zwar ausgediente Weinflaschen, in welchen unsere andere Oma normalerweise fleißig selbstgemachten Apfel-, Rhabarber- und sonstigen Most abfüllte. Verschlossen wurden diese Flaschen mit Gummikappen, die man normalerweise in heißem Zustand über die Öffnung stülpte.

Die Sache ging so: Mein Bruder und ich wählten je eine Wettkampfflasche, ließen bis zu einem genau berechneten Pegel Wasser hinein laufen und stöpselten sie dann zu. Wenn man es richtig eingerichtet hatte, unterschritt das spezifische Gewicht der Flasche samt Wasser und Luft darin gerade die des Regenwassers in der Tonne so dass sie, wenn auch knapp, an der Wasseroberfläche trieb. Nun wurden gleichzeitig beide Tauchobjekte etwas angehoben und losgelassen, sie gingen unter und tauchten nach etlicher Zeit wieder auf und wessen Flasche zuletzt hochkam, der hatte gewonnen. Die Taktik dabei richtete sich nach folgenden Gesichtspunkten: Bei zu hoher Tauchgeschwindigkeit prallte die Flasche vom Boden ab und kam ebenso zu schnell wieder zum Vorschein, wie, wenn sie nicht tief genug hinunter gesunken war. Es konnte andererseits auch passieren, dass die Flasche unten in den modrigen Blättern kleben blieb oder wegen zu riskanter Kalkulation beim Befüllen einfach nicht wieder hochkam. Dann trat die Harke in Aktion. Im Trüben fischend versuchten wir die Flasche auf die Harke zu befördern und zu bergen.

Mein Opa war ursprünglich gelernter Zimmermann und hatte sich später zum Architekten weitergebildet. So ließ er es sich auch nicht nehmen, die obligatorische Sandkiste in einer Ecke seines Gartens selbst zu zimmern, bestehend aus stabilen Bohlen selbstverständlich. Dort konnte ich Kuchen backen, Burgen bauen und so weiter. Viel besser aber war es, Hammer und Nägel aus dem Schuppen zu holen, zur Sandkiste zu befördern – mehr oder

Sonntags mit weißer Bluse, Fliege und Krawatte

weniger heimlich – und dort einen nach dem anderen Nagel nur so zum Vergnügen nebeneinander in die Einfassungsbretter der armen Sandkiste zu hämmern. Daher bestand der Sandkistenrand am Ende nur noch aus Eisennagelköpfen, an deren rostigem Zustand man die Chronologie meiner Arbeit ablesen konnte.

In demselben Weg, an dem die oben genannte »Pumpe« lag, aus der wir unser Trinkwasser holten, hatte ein alleinstehender, etwas grobschlächtiger aber im Grunde seines Herzens nicht unfreundlicher Mann namens *Viehbrock* seinen Garten. In äußerstem Maße bärbeißig dagegen zeigten sich dessen Hunde, Boxer, von denen es hieß, sie seien kinderfreundlich. Davon merkten wir allerdings überhaupt nichts. Da der kürzeste Weg von der Werrastraße zum Garten an eben diesem Grundstück vorbei führte, rumorte es schon einen halben Kilometer vorher in unseren Eingeweiden, ob denn nun die Viehbrocksche Pforte offen sei oder zu. Nachdem der gute Mann das Problem erkannt hatte, fanden wir sie fast immer geschlossen. Ebenso, wie es zu unseren täglichen Pflichten gehörte, das Parzellengebiet zu durchstreifen,

Sonntagskaffee mit Opa, Omas und Boskop im Hintergrund

unternahm selbiger Viehbrock tägliche Ausflüge mit seinen vermaledeiten Kötern, so dass gelegentliche Begegnungen nicht ausblieben. Waren die Viecher angeleint, gab's kein Problem, wenn nicht, genügte das im gesamten Viertel zu hörende, keinen Widerspruch zulassende Brüllen des Herrchens.

Nun begab ich mich eines Tages in meiner einmaligen Piratenverkleidung auf den Wechsel vom Eltern- zum Großelterngarten. Ich trug folgende Ausstattung: Auf dem Kopf saß, meine Augen gebührend zur Hälfte verbergend, ein ausrangierter Filzhut meines Vaters, die Krempe stilecht nach vorne hochgeklappt. Dies bewerkstelligte ich mit einer Sicherheitsnadel. Meine Füße steckten in zwei steifen übriggebliebenen Armeestiefeln, die den Soldaten knapp bis zum Knie, mir indes fast bis zum Schritt reichten. Mein Vater bediente sich ihrer bei der Gärtnerarbeit, wenn schlechtes Wetter herrschte. Da die Dinger ebenso zu breit wie zu lang waren – mir hätte bequem einer gereicht –, erwiesen sie sich zwar als eindrucksvoll, doch bei der Fortbewegung äußerst hinderlich.

Ein ironisches Schicksal fügte es, dass genau in dieser Situation der hiesige »Hund des Schreckens« meiner ansichtig wurde und mich – nicht weiter verwunderlich – feindselig anging. Man gut, dass das Stiefelleder seinen Bissen trotzte, allein das schwere Schuhwerk unterband jeglichen Fluchtversuch. Das Gebrüll des Herrn nützte auch nichts, ich drückte mich an eine stachelige Hecke und letztlich bekam ich doch noch eine Gottseidank nicht weiter bedrohliche Schramme in der Bauchgegend ab. Nachdem der Herr die Bestie endlich gebändigt hatte, war ich dermaßen froh, der Attacke lebend entkommen zu sein, dass ich eine weitere Fürsorge glatt ablehnte.

Die allermeiste Zeit jedoch verlebte ich hier unbeschwerte Tage, friedlich und anregend zugleich. Ich mochte es gern, in diesem kleinen Märchenland meines Großvaters so ganz für mich zu sein. Mein Opa hatte eine Art, mich ohne viele »Fisematenten« nachsichtig, aber zugleich nachdrücklich zu einem brauchbaren Menschen zu erziehen. Zum Beispiel hatte er nichts dagegen, wenn ich ab und zu ein paar Rosenblütenblätter futterte oder die Blütenstängel vom *Phlox* einer Zigarette gleich in den Mund steckte, um so den Nektar heraus zu lutschen. Anlässlich eines Geburtstages bekam ich einen kleinen Apfelbaum geschenkt, eine »Goldparmäne«, der heute noch am gleichen Ort steht.

Mit Pudelmützen und Gummistiefeln am Schwarzen Berg

Schlitten fahren

Ein Riesenglück für meinen Erinnerungsschatz sind solche Winter, die diesen Namen auch durchaus noch verdienten. Unsere kleinen Wohnstraßen hielten sich wochenlang zugeschneit, die Fahrbahn wurde aber zu unserem Leidwesen pausenlos mit rötlicher Schlacke aus den überall noch gebräuchlichen Kohleöfen bestreut. An den Bordsteinen kamen durch regelmäßiges Schneeschippen meterhohe Schneehaufen zu Stande, die im Frühjahr nur sehr widerwillig abtauten. Schon im Bett lauschten wir, ob auf den Fußwegen die Besen und Schneeschieber in Betrieb genommen wurden. Unsere selbstgestrickten Winterjacken waren abends oftmals über und über mit Eis- und Schneeklumpen bedeckt, die in der guten Stube zu – für unsere Mutter äußerst ärgerlichen – Wasserlachen führten, die wir aber auch nicht abzupfen mochten, weil jedes Mal ein bisschen Wolle verloren ging.

Zum Schlittenfahren marschierten wir immer bis zum »Schwarzen Berg«, einer eher ungepflegten Grünanlage gegenüber der »Umgedrehten Kommode«, dem antiken Wasserwerk Bremens. Es gab dort zwar einen kleinen Hügel, der jedoch, wie gesagt, mitnichten schwarz war. Zum Rodeln eignete sich hingegen der Abhang, der hinunter zur Weser führte, viel besser. Ein besonderes Erlebnis war es, wenn man nach einer schneereichen Nacht als erster am Rodelplatz erschien. Die ersten Fahrten gingen zwar nicht so rasant, dafür schnitten sie jedes Mal eine nagelneue Spur in die unberührte Schneedecke. Mit der Zeit bildete sich dann eine festgefahrene Rodelbahn, welche an einigen Abfahrten schließlich zu blankem Eis wurde, wobei wir öfters mit etwas Weserwasser nachhalfen. Dort ging's besonders rasant bergab, nur lenken konnte man beim besten Willen nicht mehr. Dieser Abhang wurde auf halber Höhe von besagtem schwarzen Weg gekreuzt, so dass sich ein Absatz ergab, welcher an einer Stelle durch einen breiten Kanaldeckel noch verstärkt wurde. Am Abend häuften wir auf diese Plattform jede Menge Schnee, formten ihn zu einer Rampe und tränkten das Bauwerk mit Wasser. So hatten wir am nächsten Tag eine erstklassige Sprungschanze, mit deren Unterstützung man – wenn man kein Feigling war – bis zu drei Meter durch die Luft fliegen konnte.

Viel weiter hinten am Werdersee befand sich der so genannte Rodelberg, der durch die Ausschachtung dieses als Flutrinne geplanten Gewässers entstanden war. Dieser Hügel war weitaus höher als der unsrige und besaß eine Steilkurve, die man recht waghalsig durchfahren musste: fuhr man sie zu flach an, hielt sich der Nervenkitzel in Grenzen, lenkte man zu direkt darauf zu, schoss man darüber hinaus und landete im stacheligen Gestrüpp. Meistens war uns der Weg dahin zu weit, außerdem tummelten sich dort die ganzen bescheuerten Kinder aus der Neustadt, die über den zugefrorenen Werdersee herüber eingefallen waren.

Außer wenn ich familiär gezwungenermaßen mit Kleinkindern zusammen auf einem Rodelschlitten fahren musste, stürzte ich mich – ganz bestimmt mit einem gehörigen Anlauf – bäuchlings auf dem Schlitten liegend den Hang hinunter. Beim Aufprall hinter der Sprungschanze war eine gewisse Vorsicht gegenüber meinen empfindlichen Körperteilen erforderlich. Zu zweit auf einem Schlitten erhöhte sich sowohl die Geschwindigkeit als auch die Fahrstrecke und ganz zu schweigen von dem Reiz, wenn die zweite Person ein Mädchen war, das dann auf mir »reiten« durfte. An guten Tagen zog ich meine Partnerin auf dem Schlitten sitzend galant auch wieder nach oben, was den zusätzlichen Vorteil hatte, dass zumindest ich von innen wieder warm wurde. Womit ich richtig Eindruck schinden konnte, und was sich die anderen Jungens nur zaghaft trauten, war, mit einem Mädel auf dem Rücken über die Schanze zu donnern. An einem Tag, als ich unseren Schlitten mal wieder an meinen Bruder abtreten musste, fuhr ich zusammen mit meiner ewigen Freundin *Marion* auf deren Schlitten. Dieser war schon etwas älter und aus unerfindlichen Gründen rosa lackiert. Wir zischten also mit vollem Karacho über die Schanze und nach dem Aufprall lagen wir gemeinsam auf einem Haufen zersplittertem Sportgerät, das nur noch als Brennholz zu gebrauchen war.

»Schlitten entern« ging so: man verfolgte im Liegen sein Opfer, ergriff mit einer Hand die hintere Strebe und stellte durch einen tüchtigen Ruck das andere Gefährt quer, welches sich im Handumdrehen mehrmals längs überschlug.

Treib- und Packeis unterhalb des Schwarzen Bergs, Blick auf die Tiefer

Bei höher als normal auflaufender Flut kam es schon mal vor, dass die Weser über ihre Böschung trat und dann das etwas tiefer gelegene Gebiet unterhalb dieses Abhangs überschwemmte. Im Sommer konnte man mit diesem Tümpel nicht viel anfangen, geschah es aber im Winter, fror der See zu und es ließ sich darauf prima Schlittschuh laufen. Am besten war es, wenn es erst geschneit hatte und sich später die blanke Eisbahn bildete, dann erreichte man mit seinem Gefährt fast den Zaun direkt unten an der Weser. Einmal hatte ich ganz schön Schwung geholt, die Rodelbahn wies perfekte Bedingungen auf, und ich fuhr und fuhr und der Schlitten wollte einfach nicht stehen bleiben. So geschah es dann, dass ich noch mit gehöriger Geschwindigkeit durch den Stacheldraht hindurch direkt in den Fluss schlitterte, wo sich zum Glück am Ufer gigantische Packeisberge aufgetürmt hatten, zwischen denen ich schließlich strandete. Unter günstigen Umständen war die Eisdecke, die bis zum Boden durchfror, so klar, dass man die eingefrorenen Fische erkennen konnte. Dann schnallten wir unsere Schlittschuhe ab, um mit den scharfen Kufen den Tiefkühlfisch aus dem Eispanzer zu hacken. Wir hatten noch solche altmodischen Dinger, die man mit einem speziellen Schlüssel an die Sohlen klemmte und die sich bei jeder abrupten Belastung losrissen. Die Fischchen, bei denen es sich meist um fingerlange Weißfische handelte, ließen sich zu nichts weiter gebrauchen, außer, sie an die ewig hungrig in der Nähe herumfliegenden Möwen zu verfüttern.

Ein Jammer, dass zu dieser Jahreszeit die Straßenlaternen so früh angingen und uns zum Heimweg aufforderten.

Die verschneite Werrastraße

Zu Weihnachten

Wie in allen Familien war Weihnachten bei uns der unumschränkte Höhepunkt des Jahres, schon allein wegen der Geschenke, aber auch sonst hatten wir in der Familie eine gute Zeit im Dezember. Ganze Nachmittage verbrachte ich mit meiner Mutter beim Kekse-Backen, während die Wochenenden dabei draufgingen, mit meinem Vater Weihnachtsgeschenke für die Omas und den Opa zu basteln, was leider angesichts des Perfektionsbedürfnisses eines Architekten keine leichte Aufgabe war. Meist handelte es sich um Laubsägearbeiten und wehe die Schnittkante geriet schräg! Natürlich bildete es ein offenes Geheimnis, in welchem Versteck die vom Christkind – nicht etwa vom Weihnachtsmann, wie bei einigen »Heiden« – für uns vorgesehenen Geschenke aufbewahrt wurden. Nachgeguckt haben wir jedoch niemals. Nachmittags am 24. Dezember wurde dann das festliche Zimmer hergerichtet und der Tannenbaum geschmückt, bei annehmbarem Wetter durften – beziehungsweise mussten – wir nochmal raus auf die Straße. So kam es in einem Jahr dazu, dass ich mit einer total verschrammten Nase auf den Weihnachtsfotos erschien, weil ich am Heiligen Abend bei einem missglückten Schliddern auf der eisigen Glitsche, die wir auf dem festgefahrenen Schnee der Straße angelegt hatten, dieses Körperteil sozusagen als Kufe benutzt hatte. Als der Vernünftigste von uns Kindern zwang ich mich, beim feierlichen Betreten der Weihnachtsstube nicht so gierig auf den Gabentisch zu starren, sondern mit großen Augen den wahrhaftig beeindruckend geschmückten Christbaum zu bestaunen – eine angemessene Zeit lang wohlgemerkt. Mein Vater war schon damals begeisterter Fotograf und hielt die Szene fest. Er besaß jeweils die neueste technische Errungenschaft. Eine solche war seinerzeit ein Blitzlichtgerät, bei welchem mit einer Feuersteinpistole auf einem Blech ein Haufen Magnesiumpulver entzündet wurde. Es gab schlagartig einen riesen Zischer, Blitz,

Weihnachtszeit war Modelleisenbahn-Zeit bei den Brüdern Martin und Norbert

Qualm und Gestank und wenn man diesen zur rechten Zeit ausgelöst hatte, wurde es mit dem Bild auch etwas.

Sobald Martin und ich das richtige Alter erreicht hatten, fingen meine Eltern damit an, uns auf das technische Zeitalter vorzubereiten: Es wurde eine elektrische Eisenbahn angeschafft, welche fest auf einer Platte montiert war und jährlich um eine überraschenden Erweiterung ergänzt wurde. Anlässlich des gefühlten Winterendes kam die Platte dann hochkant in den Keller. In den letzten Jahren durfte ich meinem Vater helfen, den komplizierten Neuaufbau zu bewerkstelligen. Es galt, hunderte von Schrauben festzuziehen, tausend Meter Kabel unterhalb der Platte zu ziehen und zwar ausschließlich rechtwinklig und mit winzigen Krampen befestigt. Einer jeden Kabelfarbe war eine eigene Funktion zugeordnet: Weichen, Signale, Beleuchtung. Drei Tage vor der Fertigstellung verbannte man mich des Zimmers, weil danach noch die vorgesehenen Überraschungen zu installieren waren. Inzwischen brauchten wir so viele Trafos und Stellpulte, dass diese auf einer vor der eigentlichen Anlage angesetzten Platte angeordnet waren. Sämtliche Kabel mussten über diese vierzig Zentimeter breite Verbindung geführt

Laubsägearbeiten in trauter Runde – es soll ein Schlüsselbrettchen werden.

werden. Hier spielte sich denn auch das größte anzunehmende Weihnachts-Desaster der Nachkriegszeit ab – das kann man wohl sagen. Wir spielten gerade krabbelnder Weise mit unseren neuen Steiff-Tieren und im Rückwärtsgang war irgendwas im Wege, was ich mit meinem Hintern beiseite schob. Ein hundsgemeines Schicksal wollte es, dass es sich um einen der Böcke handelte, auf dem die Eisenbahn gelagert war. Dieser geriet ins Kippen, die ganze Platte krachte zu Boden, die Verbindung brach, und auf einen Schlag waren sämtliche Kabel zur Trafo-Anlage gekappt. Mein Vater war stinksauer und verspürte keine Lust, das wieder zu reparieren, weigerte sich wohl auch aus pädagogischen Gründen weiterhin. Das ganze Modellbahnvergnügen also dauerte dieses Jahr nur zwei Tage. Von den besagten Steiff-Tieren besaßen wir mittlerweile einen ansehnlichen Zoo; unsere Hausgenossen bekamen edle Namen wie *Habakuk, Kleopatra, Pallas Athene* und so weiter.

Natürlich wurden zu den Feiertagen allerhand Schlemmereien angeboten. Dazu zählten unweigerlich *Meyer's* Negerküsse und zwar doppelt überzogene und gleich ein ganzer Karton von fünfzig Stück. Der Vorrat lagerte wegen der in der Kammer herrschenden

Kühle unter meines Opas Bett, von wo zur Kaffeezeit immer einige hergeholt wurden. Zu dieser betreffenden Zeit bewohnten meine Großeltern noch die Etage über der unsrigen, ausgenommen meines und meines Bruders Zimmer, das aber einen separaten Eingang vom Treppenhaus besaß. Eines schönen Morgens in aller Herrgottsfrühe kamen wir beide auf den heldenhaften Gedanken, zwei der dunklen Köstlichkeiten unter dem Hintern meines Opas zu entwenden, ohne dass dieser etwas davon mitbekam. Wie man sich unbemerkt anzuschleichen hatte, wusste ich von Winnetou, bloß brauchte jener bei seinen Abenteuern keine ungeölte Windfangtür geräuschlos zu öffnen. Ich hatte mich nur genau zu erinnern, welche Tür bei welchem Öffnungswinkel anfing zu quietschen, ansonsten musste ich schlangenartig über den Fußboden rutschen und das nicht völlig lautlose Hantieren mit dem Karton in einer heftigeren Schnarchphase der alten Leute erledigen. Kurz gesagt, der Plan haute prächtig hin und wir nahmen unsere erste Mahlzeit vor dem Frühstück ein.

Überall wo es Kinder gab, hingen früher in den Weihnachtsbäumen Schokokringel und lauter solche Süßigkeiten, die dann im Lauf der Zeit aufgenascht wurden. So auch bei meinem Freund *Gerdi*, eigentlich eine Heulsuse und Muttersöhnchen, mit dem ich sonst nur Fußball spielte, bei dem ich aber auch des Öfteren zu Hause weilte, weil er ein Tischfußballspiel sein Eigen nannte. Dort sollte eines Nachmittags ein in glänzendes Staniolpapier eingewickelter Stern dran glauben, den sich dessen Mutter, weil er auch tatsächlich so aussah, wie einen Orden auf die Brust legte. Was heißt hier Brust, es handelte sich um den üppigsten Busen, der mir bis zu diesem Lebensabschnitt unter die Augen gekommen war. Und auf der Verpackung der Süßigkeit stand ein Hinweis auf deren Inhalt, was mich zu der treffenden Interpretation »Vollmilch-Orden« veranlasste. Die drollige Geschichte brachte mir um ein Haar ein Hausverbot ein.

In der Regel takelte man die Tannenbäume nach dem Drei-Königs-Fest ab und stellte die traurigen, nadelnden Gerippe in den Vorgarten zur Abholung durch die Müllabfuhr. Dadurch wurden wir zu einem, wie ich finde, originellen Klingel-Streich inspiriert.

Ein Familien-Erinnerungsfoto – auch Weihnachten nicht ohne Schramme

Wir schnappten uns eines dieser Überbleibsel, wobei auf einen ausreichend übrig gebliebenen Nadelvorrat zu achten war, schleppten ihn vorsichtig ein Treppenhaus hinauf und lehnten ihn mit Bedacht gegen eine ausgewählte Wohnungstür. Sodann schlichen wir schleunigst wieder runter und läuteten »Sturm« auf dem zugehörigen Klingelknopf. Man kann sich denken, was passierte: Die Tür wurde nichtsahnend von innen geöffnet und im selben Moment kippte der Baum direkt in den Flur vor die Füße der verdutzten Hausfrau, wobei er seine sämtlichen noch verbliebenden Tannennadeln auf dem Fußboden verstreute. Leider mussten wir uns aus taktischen Gründen damit abfinden, das Schauspiel niemals direkt beobachten zu können. Lediglich die erbosten Opfer, die definitiv nicht zu beneiden waren, bekamen wir dann und wann zu Gesicht.

Allerlei Tiere

Es wäre ein Irrtum, zu behaupten, als Stadtkind ließe sich kein richtiger Kontakt zur Tierwelt herstellen. Man muss nur hinaus ins wirkliche Leben. Dabei stellte sich unser Vater ganz in den Dienst unseres Erlebnishungers, was bei seiner Herkunft vom Bauernhof auch nicht weiter verwunderte. Wann immer sich eine Möglichkeit bot, bekamen wir die Gelegenheit, landwirtschaftliche Betriebe jeglicher Ausprägung zu erkunden. Mein Vater arbeitete hier als Architekt beim so genannten »Bauaufsichtsamt« und hatte die – soweit ich weiß – südliche Hälfte aller Bauvorhaben in der Stadt zu genehmigen oder auch mal nicht. Zu jener Zeit wurde an allen Ecken und Kanten Bremens neu- und umgebaut, wobei ein wohlgesonnener Beamter, dem mit einem Schinken wohl ein Gefallen getan war, von Nutzen sein konnte. Häufig

... ganz geheuer war mir die Sache nicht

Martin Sonntag »hoch zu Sau«

durften wir mit auf Dienstreise nach Hasenbüren oder Arsten und anderwärts hin, wo wir Schweine, Kühe und Pferde aus nächster Nähe erlebten.

Martin durfte auf einer fetten Sau reiten, die zwar mit einem gut gepolsterten Rücken aufwartete, diese Bequemlichkeit aber mit einem unrhythmischen Galopp wieder zunichte machte. Jedenfalls landete mein Bruder in einer Jauchepfütze. Die sture alte Kuh, auf die man mich setzte, bewegte sich zwar nicht von der Stelle, doch auf dem knochenharten, sich durch das schwarzbunte Fell durchdrückende Rückgrat ließ es sich nicht eine Minute aushalten. Selten nur war es mir vergönnt, so richtig auf einem leibhaftigen Pferd zu reiten, höchstens mal auf dem Freimarkt bei *Haberjahn*. Niemand kann sich also mein Entzücken vorstellen, als ein irgendwo in der Umgebung Bremens ansässiger Hoferbe mir eines Tages anbot, ganz eigenverantwortlich auf das gutseigene Reit- und Zugpferd aufzusitzen. Zunächst versuchte ich mein Glück auf dem Rücken des Hengstes im Obstgarten. Das ging recht gut, ganz gemächlich im Schritt. Der junge Mann zeigte mir sodann, wie man Galopp reitet: dazu braucht man eigentlich eine Gerte, in deren Ermangelung einen Zweig vom Apfelbaum, unter dem man gerade durchritt. Mit meinen schwachen Schenkelchen allein vermochte ich den Gaul nicht zur schärferen Gangart aufzufordern, also riss ich bei Gelegenheit einen über mir vorbei zischenden Zweig ab. Allein diese Aktion veranlasste den Zossen – in Erinnerung vergangener Ritte und Erwartung einiger Hiebe –, augenblicklich in einen strammen Galopp zu verfallen, aus dem ich ihn bei allem Zerren am Zügel nicht bremsen konnte. Tapfer hielt ich mich im Sattel, ohne indes zu verhindern, dass die vier wuchtigen Hufe die frische Aussaat auf dem Feld des Nachbarn zertrampelten. Dieser schimpfte wie ein Rohrspatz, nach einigen Runden wurde ich mitsamt dem Gaul wieder eingefangen und alles war nicht weiter schlimm.

Auf diesem Hof ereignete sich bedauerlicherweise auch eine haarsträubende Geschichte, auf die ich nicht besonders stolz bin: Die Hühner liefen frei auf dem Hofgelände herum und wir hatten

Mit 1 PS ging's zum Heuholen

nichts Besseres zu tun als sie durch die Gegend zu jagen. Eines dieser dämlichen Viecher rannte – weiß der Himmel warum – direkt in den Schweinestall und rettete sich unter wildem Geflatter mit Mühe und Not in einen der Koben. Und ehe ich mich versah fielen die Borstenviecher grunzend über das arme Geflügel her und hatten es im Nullkommanichts verspeist.

Pferde gab es hier in der Nachkriegszeit aus ernährungstechnischen und finanziellen Gründen deutlich weniger als heute. Es galt schon als Besonderheit, eins zu finden. Deshalb veranstalteten wir bei der Eisenbahnfahrt in den Urlaub einen Wettbewerb, ob man auf der rechten oder der linken Seite des Zuges mehr Pferde entdeckte.

Die Kühe in unserer Gegend sind bekanntlich schwarz-weiß, manche mehr, manche weniger. Mein Vater setzte eine Prämie von zehn Mark aus für denjenigen, der auf einer unserer zahlreichen Ausflüge zuerst eine von Kopf bis Fuß schwarze Kuh entdeckte. Eines Tages lief mir sogar eine komplette Herde vollkommen schwarzer Rindviecher vor die Augen; allerdings kassierte ich lediglich die halbe Prämie, weil dies eine ausländische Rasse war – gänzlich hornlos und genetisch bedingt von oben bis unten schwarz, das zählte nicht richtig.

Unsere Parzelle lag am »Weideweg«, der seinen Namen der Tatsache verdankte, dass sein erster Teil mitten durch eine Kuhwiese führte, wo wir den ganzen Sommer lang das Heranwachsen niedlicher kleiner Kälbchen zu ausgewachsenen Rindern verfolgten. Es erstaunte uns immer wieder, wie die lange kräftige Zunge ganze Grasbüschel ins riesige Maul zerrte, wo sie mit einem Happs verschwanden, um später in einer endlosen Prozedur wiedergekäut zu werden. Der Appetit der Huftiere schien unbändig, jedenfalls kriegte eines Tages so ein Rindvieh eine von einer nahen Baustelle herüber gewehte Plastikplane zu fassen und kaute und schluckte und schluckte und kaute. Ich betrachtete die ungewöhnliche Mahlzeit eine ganze Weile, doch letzten Endes war mir nicht ganz wohl dabei. Dass das so weiterging, durfte nicht sein, denn die Kuh beabsichtigte doch tatsächlich, die gesamte mehrere Quadratmeter messende Plane zu verschlingen, was zweifellos

Der Abenteuerurlaub auf dem Land, hier die Traktorfahrt

ihren Tod bedeutete. Kurzentschlossen zwängte ich mich durch den rostige Stacheldrahtzaun, näherte mich bedächtig aber unerschrocken dem kolossalen Schädel von vorn, ergriff den gerade noch heraus hängenden Plastikzipfel und fing beherzt an zu ziehen. Die Kuh brummte widerwillig und gab ihre Beute nur ungern wieder her. Die Rettungsaktion dauerte einige Zeit und war auch nicht leicht zu bewältigen, doch letztlich hielt ich die Plane zwar schleimverschmiert, aber vollständig in der Hand. Ich glaubte, die Kuh war ihrerseits froh über den Ausgang der Angelegenheit. Erstens wusste ich nicht, wohin damit und zweitens diente die zerkaute Plane als aussagekräftiges Beweisstück für die unglaubliche Episode. Also schleppte ich sie mit zum Garten; wobei sich die von meiner Familie mir entgegengebrachte Bewunderung allerdings in Grenzen hielt.

Wenn einem jemand erzählte, er wäre in einem Ruderboot mit einer Kuh kollidiert, würde man meinen, das sei glatt gelogen. Nichts anderes jedoch widerfuhr mir auf einem flachen See im Hinterland der Weserdeiche. Ich weiß nicht mehr mit wem, jedenfalls hatten wir von einem Bekannten einen bereits etwas morschen

Holzkahn mit primitiven Riemen bekommen und durften auf seinem Privatsee herum kurven. Beim Wechselmanöver bekam mein Kamerad die Ruder nicht gleich zu fassen, die Gondel geriet quer zum Wind und trieb ab. Und zwar direkt gegen die Schnauze eines schwarzbunten Rindviehs, das sich in unserem Rücken zwecks Abkühlung zu Fuß mindestens zwanzig Meter weit in den See hinaus begeben hatte. Wer kann denn so etwas ahnen?

Den Federviechern muss ich ebenfalls einen Abschnitt widmen, denn mit diesen Kreaturen hatte man ja ständig zu tun, ob man wollte oder nicht. Insbesondere im Garten, wo unser Großvater eine Schar Meisen und Buchfinken betreute. Bei jedem zweiten Einkauf durften wir es nicht versäumen, Zitronen-Sandkuchen mitzubringen, etwas Anderes fraßen die verwöhnten Piepmätze nicht. Favorit war ein männlicher Buchfink, dessen Namen ich vergessen habe, Bruno vielleicht? Er kam sogar auf den Esstisch, um sich seine gelben Krümel abzuholen. An Kühnheit nicht zu übertreffen waren die Blaumeisen, die sich sogar dazu bewegen ließen, den Kuchen aus der Hand zu picken. Da hatten die sogenannten frechen Spatzen keine Chance.

In unseren Wohnstraßen gab es eine Menge Leute, die sich einen Wellensittich oder Kanarienvogel im Wohnzimmer hielten. Diese Leibeigenen machten sich mitunter bei passender Gelegenheit – das heißt offenem Käfig und Fenster – auf und davon. Letztlich wussten die Stubenhocker nichts mit ihrer Freiheit anzufangen und verfielen in Panik, die sie immer weiter vom heimatlichen Bau entfernte, die aufgebrachten Besitzer hinterher. Da nützte alles Rufen, Pfeifen und Flöten nichts, die Federbälle ließen sich nicht einmal mit ihrem eigenen Vogelbauer locken. In einem solchen Fall traten wir als die hiesigen Wilderer in Aktion. Mit dem Vogelkäfig bewaffnet kletterten wir den Ausreißern waghalsig ins höchste Geäst hinterher, um dann zusehen zu müssen, wie das Zielobjekt kurz vor dem Einfang wieder weiter flatterte. So eine verzweifelte Flucht hielten die zivilisationsgeschädigten Tiere aber nicht lange durch. Irgendwann hopsten sie erschöpft durch die Drahttür des bereit gehaltenen Käfigs. Manchmal konnte man sie mit der bloßen Hand grabschen, obwohl ein halbtoter Wellensittich ganz schön zubeißen kann. Logisch, dass eine wenngleich unerhebliche Belohnung spendiert wurde, aber darum ging es uns ja auch nicht.

Bei folgender Begebenheit blieb die Auszeichnung komplett aus, ganz im Gegenteil. Uns war ein herren- oder damenloser Kanarienvogel aufgefallen, welcher jämmerlich piepsend im höchsten Baum hockte. Vermöge unseres gesamten Jagdrepertoires gelang uns dessen Gefangennahme, jedoch vermisste keiner der üblichen Verdächtigen seinen Hausgenossen. Also blieb uns nichts anderes übrig, als zur Polizeiwache in der Neustadt zu marschieren, um unseren Fund abzuliefern. Die diensthabenden Beamten zeigten sich alles andere als hocherfreut, gaben sogar vor, für solche Fälle nicht zuständig zu sein wir sollten uns ans Tierheim, Fundamt oder wer-weiß-nicht-was wenden. Nach langem Hin und Her erledigte sich die Angelegenheit ruck-zuck ganz von selbst, als der gelbe Genosse sich meiner Hand entwand, erst gegen die Decke flatterte und sich dann auf der obersten Lampe niederließ. Da konnte man so schnell nichts machen, wir verdrückten uns einfach aus der Wachstation und überließen den Vogel den schimpfenden Schutzleuten.

Normalerweise pflegte ich einen vollkommen unbelasteten Umgang mit jeglicher Art von Getier, vom Wasserfloh bis zum Elefanten. Dadurch war es nicht völlig ausgeschlossen, dass die eine oder andere Begegnung auch mal etwas heikel verlief. So zum Beispiel beim Heumachen auf dem Felde, zu dem mein Vater nicht ohne Hintergedanken auf einen Bauernhof in der Umgebung eingeladen worden war, und wir durften mitkommen. Jedenfalls huschte mir beim Rechen unversehens eine meterlange Schlange über den Fuß, meinem angeborenen Jagdinstinkt folgend griff ich reflexartig zu und packte das Reptil gerade noch am Schwanz. Am ausgestreckten Arm hielt ich meinen Fang hoch und beobachtete, wie der Lindwurm sich wand und kringelte. Plötzlich hielt ich nur noch ein zehn Zentimeter langes Schwanzende zwischen den Fingern, der Rest zischte unter die Heugarben. Das hatte ich mir nun ganz anders vorgestellt, jedoch bei näherem Hinsehen bemerkte ich mit nicht geringem Entsetzen, dass mir gerade eine immerhin recht giftige Kreuzotter entwischt war – oder ich ihr.

Ein anderes Mal kam ich in eben derselben Gegend nicht so glimpflich davon. Es gehört zu den verdienstvollsten Erziehungszielen meines Vaters, uns mit dem Wandern angefreundet zu haben. Mit gefülltem Rucksack, Landkarte und Wanderstock erkundeten wir die Landschaft sowohl entlang als auch abseits der Wege. Mein Bruder Martin war als »Hinterhopser«, wie der Name schon sagt, meistens der Letzte. Nicht so an diesem Tag, er spazierte direkt vor mir her, mit seinem Stock hierhin und dahin stochernd. So geschah es, dass ich schlagartig und unerwartet mehrere heftige Stiche in den Beinen verspürte, denn zu unserer Zeit ging man noch in kurzen Hosen. Brennnesseln oder Disteln die Schuld gebend, floh ich schleunigst auf den Weg, doch da ging der Zwischenfall nur noch schlimmer weiter. Ein Wespenschwarm, dessen Nest mein lieber Bruder mit seinem Stock in einem Mauseloch aufgescheucht hatte, fiel über mich her. Meine Mutter zählte vierzehn Stacheln an meinem Kopf, hauptsächlich in den Ohren. Zum Trost durfte ich mir zum Abendessen im Gasthof etwas besonders Leckeres und Teures aussuchen, allerdings hätte ich dieses Angebot am folgenden Tag mit mehr Appetit genießen können.

Ausgangs- und Endpunkt so mancher Reise: Der Bahnhof mit Dampflok

Das Luftgewehr

Ich weiß nicht mehr bei welchem Anlass ich zum ersten Mal mit einem Luftgewehr Bekanntschaft gemacht hatte, auf dem Freimarkt oder bei meinem Vater. Er – wie auch alle anderen erwachsenen Familienmitglieder – erzählte uns immer »von früher«, wie wir sagten, und worum wir von Zeit zu Zeit geradezu bettelten. Auf einem schlesischen Bauernhof am Ende der zwanziger Jahre war es das Natürlichste von der Welt, wenn ein Junge mit der Falle oder dem Luftgewehr Jagd auf Ratten und Spatzen machte, und letztere sogar briet und aß. Ich glaube, mein Vater war sogar ganz erfreut darüber, dass sich im Gefolge der Geflügelhaltung seiner Mutter auf unserer Parzelle auch die Spatzen und Ratten einstellten, um sich am ausgelegten Futter gütlich zu tun. Jedenfalls legte er sich ein Luftgewehr zu, um die Parasiten aus der Deckung des gegenüberliegenden Schuppens aus einer – wie ich damals fand – unsportlichen Entfernung von etwa vier Metern zu bekämpfen.

Die Jagd fand ausschließlich in den frühen Morgen- und späten Abendstunden statt, von den argwöhnischen Parzellisten also unbeobachtet. Er besorgte auch einen Kugelfang und Schießscheiben, um uns dann in seiner geduldigen Art in der Kunst des Schießens zu unterweisen. Die Waffe wurde zwar gut versteckt aufbewahrt, war aber jederzeit zugänglich und wir mussten ihm versprechen, sie nur in seiner Gegenwart zu benutzen. Das taten wir auch, meinten später jedoch, dass es ab und zu begründete Ausnahmesituationen gab.

Bei derartigen Gelegenheiten ließen wir denn auch immer eine gehörige Vorsicht gegenüber unseren Erziehungsverpflichteten und Nachbarn walten. Im Garten meines Opas schossen wir auf Blumen, wobei wir den in dieser Hinsicht untrüglichen Blick meines Großvaters auf seine geliebten Rosen einkalkulieren mussten. Einmal stach uns der Hafer und wir nahmen einen Sperling in Nachbars Garten aufs Korn. Der kleine Vogel plumpste doch tatsächlich – so unwahrscheinlich es klingt, nach dem ersten Schuss – wie vom Blitz getroffen in die darunter stehende Regentonne und trieb dort regungslos mit ausgebreiteten Flügeln auf der trüben Brühe. Dieser traurige Anblick ließ uns die Waffe augenblicklich in die Ecke stellen.

Eingedenk dieses Erlebnisses entschlossen wir uns, nur noch leblose Gegenstände ins Visier zu nehmen, wenn auch ohne Aufsicht. Unser erstes Opfer war ein Kriegsschiff, ein Plastikmodell von einem halben Meter Länge, das ich von einem inzwischen erwachsen gewordenen Freund der Familie geschenkt bekommen hatte. Wir ließen das arme Schiff im Keller dann auf einer wassergefüllten Zinkwanne schwimmen, so dass es nicht entkommen konnte. Daraufhin versenkten wir den feindlichen Kreuzer durch abwechselnde, wohlgezielte Schüsse, ohne dass dessen zahlreiche Kanonen zurück schossen. Als er kieloben trieb, brachen wir die Sache ab und hängten statt dessen einen großen Flummi auf, um mal zu gucken, wie weit dieser nach einem Volltreffer aus seiner Lage schwingen würde. Dieses wunderbare Spielgerät kam zu der Zeit gerade erst auf und war noch ganz schön schwer, wir nannten es damals, wie gesagt, noch »Superball«. Der erste Schuss traf den Ball zentral, was dazu führte, dass das Geschoss mit fast derselben Wucht, mit der es abgeschossen worden war, zurück kam und nur um Haaresbreite an meinem eben noch scharf zielenden Auge vorbei zischte. Das jagte uns einen gehörigen Schrecken ein und für den Tag war Schluss mit dem Geschieße. Ist ja klar, dass wir die eben noch an mir vorbeigerauschte Katastrophe besser für uns behielten.

Jagdgeschichten

Selbstverständlich war auch ich ein ausgemachter Bewunderer von Winnetou und Old Shatterhand, aber wenn ich ehrlich bin, gehörte meine glühende Verehrung eher dem Apatschenhäuptling. So blieb es nicht aus, dass wir häufig die Abenteuer unserer Helden nachspielten, auch die Mädchen, und man glaube ja nicht, dass diese lediglich Nscho-tschi sein wollten. Auch eine Silberbüchse hatte ich mir in liebevoller Bastelarbeit hergestellt, nur konnte man damit eben nicht richtig schießen. Mit einem Jagdbogen, und mochte er auch noch so dilettantisch gebaut sein, bekam die Sache deutlich mehr Realität. So schnitten wir uns Haselstöcke, spannten einen Bindfaden von einem zum anderen Ende, fanden bei den Gärtnerutensilien meines Vaters ein paar gerade Anbindstöcke aus Bambus und los ging die Pirsch. Dies durfte sich wegen der von unseren Eltern beschworenen Unfallgefahr nicht innerhalb unserer Wohnstraßen abspielen, was klaglos akzeptiert wurde, damit wir uns umso ungestörter im Parzellengebiet austoben konnten.

Auf Personen zu zielen war aber auch hier ausgeschlossen. Man erlegte Tulpen und Äpfel, was zwar einen gehörigen Übungseffekt hatte, aber auf die Dauer langweilig wurde. Wenn man andererseits einen Sperling oder eine Drossel jagen wollte, musste man schon eine schärfere Waffe als einen mit einem Taschenmesser angespitzten Stock verwenden. Auf dem letzten Freimarkt hatte ich einen Schraubenzieher mit auswechselbarem Aufsatz gewonnen. Einen solchen feilte ich richtig scharf zu und befestigte ihn mit einem stramm gewickelten Draht am Schaft. Solche Drähte hatte ich dauernd kilometerweise rumliegen, denn jeden Morgen nach dem jährlichen Weser-Feuerwerk sammelte ich diese als Zündgeber verwendeten Kabel – es gab sie in weiß und rot – am Weserstrand ein.

Mein erstes – im wahrsten Sinn des Wortes – Versuchstier war eine Amsel. Zu meinem größten Schrecken traf ich den

Vogel gleich beim ersten Schuss und das aus einer Entfernung, die ich absichtlich derart groß gewählt hatte, dass die Erfolgswahrscheinlichkeit nicht allzu hoch einzukalkulieren war. Dummerweise hatte der Pfeil nur den einen Flügel durchbohrt, aber der Vogel schien mir zu sehr verletzt, als dass ich ihn so liegen lassen konnte. Aus der Karl-May-Lektüre wusste ich, dass man in einer solchen Lage den Tieren den Gnadentod geben musste. Ich nahm den armen Vogel und schnitt ihm mit meinem Fahrtenmesser unter viel Mühe auf einem Baumstumpf den Kopf ab. Anschließend war mir den ganzen übrigen Tag lang hundeelend zumute.

Gleichwohl ging ich nochmal mit meinem Bruder Martin auf die Jagd. Es gehörte zu unseren liebsten Gewohnheiten, mit dem Fahrrad mehr oder weniger ziellos durch das Parzellengebiet zwischen der großen und kleinen Weser zu streifen. Zu entdecken gab es immer irgendetwas, denn zu jener Zeit herrschten noch nicht diese tausenden, lächerlichen und unsinnigen Gartengestaltungsvorschriften, die das Gebiet heutzutage so steril erscheinen lassen. Die Gärten wurden von hohen, dichten, wilden Hecken umrahmt, man konnte abenteuerliche Schuppen erkunden und so weiter. Insbesondere in aller Herrgottsfrühe zogen wir los, bevor unsere Eltern sich zum Frühstück bequemt hatten oder noch nach dem Abendbrot, wenn im Früh- oder Spätsommer schon die Dämmerung nieder ging und die Nebel vom Werdersee her aufzogen. Auf den Spielfeldern der Sportvereine am Kuhhirten und Krähenberg knabberten dann Scharen von Kaninchen ihr Nachtmahl. Das sah im über dem Boden schwebenden Dunst ganz geheimnisvoll aus und zog uns magisch an. Zu meinem Glück hatte ich von einem Nachbarsfreund einen käuflich erworbenen, das heißt professionellen und leistungsfähigen Flitzebogen geschenkt bekommen. Einmal im Leben wollten wir so richtig auf die Jagd gehen. Wir nahmen klammheimlich den Bogen mit auf unsere Abendtour und näherten uns scheinbar unbemerkt einem mümmelnden Kaninchen. Ich legte meinen tödlichen Pfeil auf die moderne Nylonsehne, spannte, zielte bei unzulänglichem Büchsenlicht und ließ den Pfeil los. Dieser verschwand in der vorgesehenen Richtung im weißen Schleier, doch nichts tat sich. Zweifelsfrei war der Pfeil gelandet und das Kaninchen dementsprechend tot, denn soweit konnte ich nicht am Ziel vorbei geschossen haben, dass das Tier davon vollkommen unbeeindruckt einfach sitzen geblieben wäre.

Ich verfügte nur über unzureichende Erfahrungen in der Großwildjagd, und so ein Kaninchen ist wohl auch schwieriger zu treffen als ein Nashorn, jedenfalls traute ich meiner Treffsicherheit letztlich doch nicht so ganz. Also schlichen wir uns an das im Dämmerlicht nur schemenhaft zu erkennende Opfer heran, um dieses blitzschnell am Schlafittchen zu packen, falls es sich erdreisten sollte, – verwundet oder nicht – im allerletzten Augenblick die Flucht zu ergreifen. In dem Moment, als die Entfernung gerade noch eine Flitzebogenlänge betrug, entschloss ich mich zum entscheidenden Sprung und mit vorgestreckten Händen stürzte ich mich kurzerhand auf das weiterhin regungslos da hockende Kaninchen … da war's ein Igel! Natürlich vollkommen unverletzt, ganz im Gegensatz zu meinen Händen. Mein Geschoss steckte – immerhin – fünf Zentimeter neben dem Ziel.

Irgendwie war unser Blutrausch verraucht und wir entschlossen uns, das Stacheltier am Leben zu lassen, wobei es uns ohnehin völlig unklar war, wie so ein Vieh vom Leben zum Tode zu befördern war, ganz abgesehen von dem Problem: was tun mit der Leiche? Zwar ist ein Kaninchen nach landläufiger Meinung ein normales Wildbret, aber was wir in dem Fall, dass es sich bei unserem Fang tatsächlich um eines handeln sollte, mit der Beute hätten anfangen sollen, wäre uns vermutlich schleierhaft gewesen.

Ganz geschlagen geben wollten wir uns allerdings nicht, und so ergriffen wir den sich unterdessen zu einer Stachelkugel gerollten Igel mithilfe meiner Satteldecke aus Schaumgummi, legten ihn behutsam auf den Gepäckträger meines Fahrrades und schoben es mit der unbeweglich darin liegenden Fracht in Richtung Parzelle. Das hatte zwei Gründe: Erstens kann man mit einem Igel in einer Hand, von dem jeden Augenblick eine Bewegung zu erwarten ist, mit der anderen schlecht lenken und zweitens hatten wir so mehr Zeit zu überlegen, wie die Sache weiter gehen sollte, und was von dem ganzen Geschehen unserer Oma zu erzählen sein würde. Die Geschichte endete wie alle Geschichten, in denen

Leute einen armen Igel finden und mit nach Hause nehmen, um ihn zu pflegen: Das stachelige Vieh schmatzte, schnarchte und stank grässlich und war – glücklicherweise – bald wieder von ganz allein verschwunden, noch bevor meine Hände verheilt waren.

Wie auch heute noch wimmelte es rund um die Gewässer Bremens von Stockenten, die so alltäglich waren, dass wir uns nicht weiter mit ihnen beschäftigten. Gleichwohl erkundeten wir in der Brutzeit jedes in Frage kommende Versteck nach Entengelegen, hüteten uns aber, diese Geheimnisse irgendjemandem zu verraten. Sobald dann die kleinen Küken geschlüpft waren, beschützten wir diese unendlich niedlichen Tierchen vor Hunden, Autos und anderen Gefahren, was bei der Entenmutter dagegen nicht immer gut ankam. In der Balzzeit jedoch verhielten sich diese Watschelvögel, als könnte ihnen die ganze Welt nichts zu Leide tun, und sie kümmerten sich in arroganter Art und Weise nicht im Geringsten um unsere Anwesenheit. Wenn ein an Land so unbeholfenes Wesen einen halben Meter neben mir Würmer schnabulierte, sollte es keine Kunst sein, den zukünftigen Braten zu erhaschen: ein Hechtsprung und Hals umdrehen. Aber es war zum Mäusemelken: Wie oft wir diesen Satz auch probierten, der Vogel war längst in der Luft, als wir im Matsch landeten.

Nachwort

So, das wär's fürs Erste; je länger ich schreibe, umso mehr Kuriositäten fallen mir ein. Andererseits würden Eltern und Großeltern sicherlich einiges vermissen, doch die kann ich ja nun nicht mehr befragen, ihre Erinnerung ist für alle Ewigkeit futsch. Ich hoffe, es hat Ihnen ein wenig Vergnügen bereitet.

Wer weiß, was ansonst aus mir geworden wäre, wenn mir die in diesem Buch geschilderten freien Entfaltungsmöglichkeiten, die sämtlich die heutigen Sicherheitsvorschriften verhöhnen, vorenthalten worden wären.

Meine Frau meint, es grenze an ein Wunder, dass ich meine Jugend überlebt habe und dass dann aus mir noch ein »rechtschaffender« Mann geworden ist.

Norbert Sonntag
Bremen

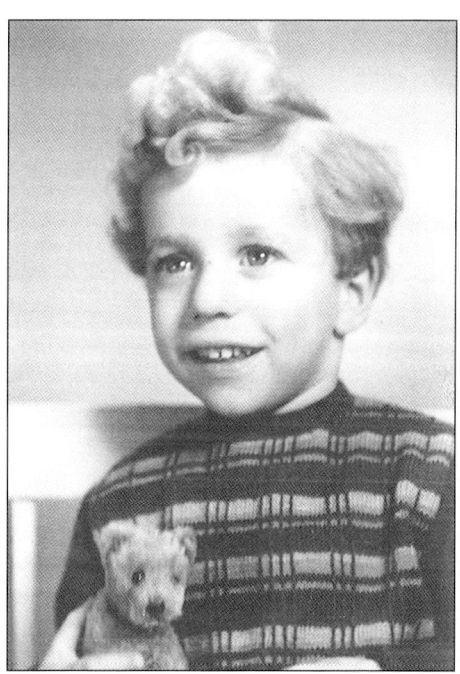

Weitere Bücher aus dem KellnerVerlag

Yves Bertho
Ich war Pierre, Peter, Pjotr

Yves Bertho (1922–2013) war ab 1943 Zwangsarbeiter in Bremen und verarbeitete seine Erlebnisse in einem 1976 erschienenen Roman, der in Frankreich Aufsehen erregte und mit zwei Literaturpreisen ausgezeichnet wurde. Er spiegelt exemplarisch das großstädtische Leben während der Luftangriffe im Zweiten Weltkrieg und beschreibt literarisch-eindringlich viele Facetten des Alltags im Bombenhagel, die mit Fakten und Zahlen allein nicht nachzuempfinden wären.

Historischer Roman. 520 S., 14 x 21,5 cm, ISBN 978-3-95651-079-3 **€ 18,90**

Hans-Peter Mester
Die Franziska-Reihe

Der Autor, ehemaliger Leiter des Ortsamtes West, kannte sich wie kein Zweiter mit menschlichen Eigenheiten und dem Leben »auf Parzelle« aus. Das merkt man auch seiner spannenden Krimi-Reihe an, die sich rund um Roman-Heldin Franziska Morgenstern – von Hauptberuf Stadtplanerin und aktive Kleingärtnerin – dreht. In diesem Milieu erlebt sie zahlreiche Krimi-Abenteuer: Mit viel Witz und einzigartigem Charme!
2017: Bisher 7 Bände von insgesamt 10, jeweils 9,90 €

Martha Bull
Frau Friese und die tödliche Einladung

Waltraud Friese, Rentnerin aus dem Bremer Peterswerder, trifft eine alte Schulfreundin wieder. 60 Jahre sind seit dem Schulabschluss vergangen. Das soll mit einem Klassentreffen gefeiert werden. Aber es scheint ein Treffen mit dem Tod zu werden, denn eine Freundin wird ermordet. Und dann die nächste ... Dabei gerät Frau Friese selbst in den Kreis der Verdächtigen.

216 Seiten, 12,5 x 20 cm, Band 3, ISBN 978-3-95651-089-2, **€ 9,90**
Auch als E-Book: *ISBN 978-3-95651-091-5*

Krimis aus dem Kellner Verlag

Roland Bühs
Warmabbruch
Wall-Wache Band 1

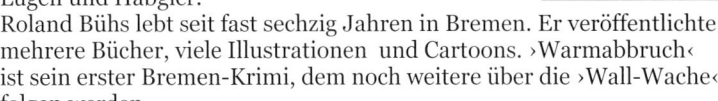

Die noch rauchende Ruine eines abgebrannten Kaufhauses stellen Kommissar Schilling und seine Partnerin Dunker vor ein Rätsel. Die Kommissare der Wall-Wache tappen im Dunkeln – bis eine der Spuren sie in den Bremer Westen führt. Ein weiterer Mord lässt Böses ahnen, und der Fall entwickelt sich zu einem rasanten Kampf gegen Gewalt, Betrug, Lügen und Habgier.

Roland Bühs lebt seit fast sechzig Jahren in Bremen. Er veröffentlichte mehrere Bücher, viele Illustrationen und Cartoons. ›Warmabbruch‹ ist sein erster Bremen-Krimi, dem noch weitere über die ›Wall-Wache‹ folgen werden.

192 Seiten, 14,5 x 22 cm, ISBN 978-3-95651-118-9, **€ 9,90,**
Auch als E-Book: *ISBN 978-3-95651-129-5*

Roland Bühs
Tödliche Entsorgung
Wall-Wache Band 2

Eine schwere Explosion in einer Chemiefabrik in Ritterhude, deren Ursache nicht geklärt werden kann, bringt das eingespielte Kommissaren-Duo Dunker und Schilling in Schwierigkeiten. Gemeinsam ermitteln sie wegen dringender Verdachtsfälle bezüglich Bestechlichkeit sowie Versäumnissen bei Aufsichtsbehörden und sind bemüht, mögliche Ursachen für die Explosion aufzudecken. Ein packender Krimi voller Spannung und überraschenden Erkenntnissen.

307 Seiten, 12,5 x 20cm, ISBN: 978-3-95651-132-5, **€ 9,90**
Auch als E-Book: *ISBN 978-3-95651-136-3*

Martha Bull
Frau Friese und die finstere Verwandtschaft

Rentnerin Waltraud Friese erlebt unerwarteten Familienzuwachs. Eines Tages meldet sich ihre jüngere Schwester bei ihr, von der sie bisher nichts wusste. Sieglinde konfrontiert Frau Friese mit Umständen ihrer Familiengeschichte, die bis in die Zeiten des Zweiten Weltkrieges zurückreichen ... Als ein Mord in der Braunschweiger Straße passiert, muss sie alles riskieren, um sich zu schützen.

240 Seiten, 12,5 x 20 cm, Band 4, ISBN 978-3-95651-100-4, **€ 9,90**
Auch als E-Book: *ISBN 978-3-95651-091-5*

Stadtführer aus dem KellnerVerlag

Hans-Peter Mester / Ulrike Pala
Der Bremer Westen
In ›Der Bremer Westen‹ werden die Stadtteile Findorff, Walle, Gröpelingen, Oslebshausen und Überseestadt informativ nach historischen, wirtschaftlichen und soziokulturellen Aspekten beschrieben. Hans-Peter Mester war von 2004 bis 2012 Leiter des Ortsamtes West und kennt sich aus. Ebenso die jetzige Ortsamtsleiterin und Autorin Ulrike Pala. Zahlreiche farbige Fotos, Hintergrundinformationen und nützliche Adressen runden das Bild vom Bremer Westen ab.

224 Seiten, 13,5 x 21 cm, ISBN 978-3-95651-047-2, **€ 12,90**

Johann-Günther König
Der Osterdeich
Geschichte und Geschichten

Von der facettenreichen Geschichte vom Mittelalter bis in die Gegenwart, ansässigen Häusern und prominenten ›Osterdeichern‹: Viel Wissenswertes befindet sich in dieser erstmaligen Würdigung des gesamten Osterdeiches. Ein altdeutscher Exkurs ›Achtern Diek‹ aus 1908 von Georg Droste vervollständigt diese umfassende Darstellung. **Alle Häuser werden gezeigt und bilden das farbige Panorama dieses einmaligen Nachschlagewerkes**. Nützlich und interessant, nicht nur für die Anwohner/innen. Was es über den Osterdeich zu wissen gilt, ist in diesem Buch:
»**This is Osterdeich!**«

128 Seiten, A5 quer, viele Fotos, ISBN: 978-3-95651-109-7, **€ 16,90**

Rolf Diehl / Frank Obergethmann
Die Bremer Vahr
Geschichte eines modernen Stadtteils

Bei ihrer Entstehung ab Mitte der 1950er-Jahre ist die Neue Vahr Europas größtes Bauvorhaben, notwendig geworden durch die immense Wohnungsnot nach dem Zweiten Weltkrieg. Heute ist die Vahr ein hübsch begrünter Stadtteil Bremens, der zudem bereichert wird von den Menschen aus anderen Kulturen und der generationenübergreifend gemischten Bevölkerung. Das Buch bietet geschichtliche Daten & Fakten, garniert mit vielen Fotos von Rolf Diehl, dem VAHReporter. Ein nützliches Lese-und Nachschlagewerk.

248 Seiten, 13 x 21 cm, ISBN: 978-3-95651-031-1, **€ 9,90**

Stadtführer aus dem KellnerVerlag

Bernward Schmöcker
Nix dabei, Herr Zollinspektor!
Schmuggeln in Bremer Häfen & andere Erlebnisse

›Nix dabei!‹ waren die Worte, die der Zollbeamte Bernward Schmöcker nahezu täglich bei Kontrollen hören musste. 40 Jahre lang war er in dem Beruf tätig – und erlebte allerlei amüsante Geschichten. Schmuggel gehörte dabei zur Tagesordnung. Spannend und voller Humor erzählt er von diesen Erfahrungen und entführt den Leser in eine eigene Welt aus Gesetzesschranken und Kriminalität.

104 Seiten, ISBN 978-3-95651-074-8, **€ 9,90**
Auch als E-Book: *ISBN 978-3-95651-068-7*

Heinz Ortmann
Erlebnisse eines Bremer Gästeführers

Bremen aus einer neuen Perspektive: Der bekannte Stadtführer Heinz Ortmann erzählt aus seinem reichhaltigen Repertoire zahlreiche Anekdoten & Fakten über Bremens Vergangenheit und Gegenwart. Hier mischen sich interessante Begegnungen aller Art mit Hintergrundwissen zur Bremer Historie. **Ergänzt mit dem »Bremer Rundgang« und den wichtigsten Stadt-Infos**.

112 Seiten, 12 x 20 cm, ISBN 978-3-95651-028-1,
€ 9,90

Bremisches Wörterbuch
Vergnügliche Erläuterungen
Über 800 Stichwörter

Ein umfassender Sprachführer, der auch die liebenswerten Eigenarten der Bremer/-innen eingehend beleuchtet. Es bereitet Freude, sich anhand der gediegenen Erklärungen mit den bremischen und den ›Schnacks‹ von der Waterkant vertraut zu machen. Seien Sie überrascht, wie viel Sie wiedererkennen werden. Ergänzt mit Erläuterungen zu den traditionellen bremischen Bräuchen und Spezialitäten.

112 Seiten, 11,5 x 19,5 cm, Klappenbroschur, mit 63 Abbildungen, ISBN 978-3-939928-55-3, **€ 6,90**

Kriegsbücher aus dem Kellner Verlag

Wolfgang Melzer
Abenteuer Heimatfront
Kriegskinder in Bremen zwischen 1944–1948

Nachkriegszeit in Bremen. Inmitten von Schutt und Chaos geht das Leben weiter. Auch für die Kinder. Wolfgang Melzer war eines von ihnen. Eindringlich erzählt er von seinen Erlebnissen, den Luftangriffen auf Bremen, dem ›Kohlenklau‹ und verlassenen Bunkern. Mit authentischen Fotos. Ein Real-Roman.

160 Seiten, 12,5 x 20,5 cm, ISBN 978-3-95651-078-6,
€ 9,90, Auch als E-Book: *ISBN 978-3-95651-095-3*

Günter Wesemann
Bremer Jungs im Krieg
Vom Lehrling zum Gefreiten

Der Leser begleitet Wesemann von den ersten Fliegerangriffen auf Bremen über die Soldatenausbildung im ›Sahneland‹ Dänemark bis zu den Schrecken an der Ostfront. Zunächst als Melder, später als Ladekanonier in einem Panzergeschütz berichtet Wesemann hautnah von den Gefechten mit der Roten Armee. Nach der Kapitulation der Wehrmacht führt ihn seine Flucht quer durch Deutschland bis zur zerstörten Hansestadt. Durch die detaillierten Beschreibungen, Zeichnungen und originalen Briefe wird diese Biografie zu einem Stück Zeitgeschichte. Im 90. Lebensjahr entschied sich Wesemann, seine bereits 1945 aufgeschriebenen Erlebnisse zu veröffentlichen.

272 Seiten, Hardcover, 15 x 21 cm, ISBN 978-95651-070-0, **€ 9,90**
2. Auflage

Günter Wesemann
Bremer Jungs und Mädels

Beeindruckend schildert der Autor (Jg. 1926) seine. Damals typische Jugendbilder und Texte gewähren einen tiefen Einblick in das Leben eines »Bremer Jungs«. Ausgehend von den Jahren ab 1930 im Hohentorsviertel der Bremer Neustadt, den ausgiebigen Fahrradtouren, die schwierige Schulzeit bis zu den Lehrjahren ab 1940, lassen das einstige Bremer Alltagsleben gedanklich miterleben.

236 Seiten, Hardcover, 15 x 21 cm,
ISBN 978-3-95651-043-4, **€ 9,90** • 2. Auflage